现代体育经济的
多维度发展探析

彭圣致　著

中国经济出版社
CHINA ECONOMIC PUBLISHING HOUSE

图书在版编目(CIP)数据

现代体育经济的多维度发展探析/彭圣致著.
—北京：中国经济出版社，2020.5
ISBN 978-7-5136-6143-0
Ⅰ.①现… Ⅱ.①彭… Ⅲ.①体育经济学—研究—中国 Ⅳ.①G80-052
中国版本图书馆 CIP 数据核字(2020)第 067261 号

责任编辑　孙晓霞
责任印制　马小宾
封面设计　押晓峰

出版发行　中国经济出版社
印 刷 者　北京建宏印刷有限公司
经 销 者　各地新华书店
开　　本　710mm×1000mm　1/16
印　　张　11.5
字　　数　204 千字
版　　次　2020 年 5 月第 1 版
印　　次　2020 年 5 月第 1 次
定　　价　58.00 元
广告经营许可证　京西工商广字第 8179 号

中国经济出版社 网址 www.economyph.com **社址** 北京市东城区安定门外大街 58 号 **邮编** 100011
本版图书如存在印装质量问题，请与本社销售中心联系调换(联系电话：010-57512564)

前 言

体育经济作为体育和经济两个不同领域相互交流与融合的产物，是我国现代体育发展的一项重要事业，也是我国国民经济中的一个重要产业，承担着发展体育事业和促进经济繁荣的双重职责。在社会经济迅速发展、科学技术日新月异、人们的体育消费意识逐渐增强的现代社会，对体育经济的思考与探索已经成为现代体育经济理论研究的重要课题。

随着时代的发展和进步，对体育经济的研究已经不能再局限于一个方面，本书以现代体育经济为研究对象，在阐述体育与经济之间关系的基础上，对现代体育经济及其理论基础进行分析，并从现代体育产业与产品、现代体育消费、现代体育市场、现代体育经济经营运作、体育产业与中国经济等多个维度出发，对现代体育经济进行了深入思考与探索。

本书包括8章。第一章：绪论，主要梳理了现代体育的基本概念、形成和发展、分类及特征，并从经济对体育发展的基础作用和体育的经济功能两个方面，对体育与经济的关系进行了深入分析与探讨；第二章：现代体育经济概述，主要分析了现代体育的经济背景，并对现代体育经济基本内容与概念进行了深入研究；第三章：现代体育经济理论基础，主要从经济学理论基础和产业经济学理论基础两方面出发，对现代体育经济理论基础进行阐述与分析；第四章：现代体育产业与产品，主要阐述了体育产业与相关概念，分析了体育服务产品与劳动过程，并对体育商业化的趋势与利弊进行了分析；第五章：现代体育消费，主要对现代体育消费的内涵与特点、消费效用与态度、消费水平与行为进行了深入分析；第六章：现代体育市场，主要对现代体育市场进行了概述，并分别分析了现代体育消费市场、现代体育劳动市场和现代体育产品市场；第七章：现代体育经济运营运作，主要阐述了现代体育赛事产业组织，论述了现代体育赞助运营和现代体育场馆运营，并对现代体育职业俱乐部经营进行了分析；第八章：体育产业与中国经济，主要阐述了新中国成立以来体育产业建设发展的脉络，分析了中国竞技体育产业“举国体制”的形成与发展，论述了我国体育产业在国民经济中的地位和作用，并对我国体育产业管理体制的发展进行了探究。

本书在编撰过程中,参考并采用了多位专家、学者关于现代体育经济的研究成果,在此表示感谢。由于笔者时间和能力水平有限,书中难免存在疏漏与不妥之处,恳请专家学者、广大读者批评、指正。相信本书能为关注现代体育教学改革与发展的相关工作者提供一定的理论和实践指导。

彭圣致

2019 年 11 月

目 录

第一章　绪论

体育和经济原本是两个不相关的领域，但是随着人们生活水平的提高、健康意识的增强和现代体育运动的发展，体育和经济之间的联系已经越来越紧密。本章在对现代体育的基本概念、形成和发展、分类及特征进行阐述的基础上，从经济对体育发展的基础作用和体育的经济功能两个方面，对体育与经济的关系进行了深入分析与探讨，为现代体育经济的多维度发展探析提供了研究依据。

第一节　现代体育概述

一、现代体育的基本概念

体育的基本概念是构筑现代体育理论大厦的基石，具有鲜明的历史性和时代性特征，每一个时期的体育概念，都是人们对这一时期体育特有属性的认识的反映。由于体育本身具有一定的复杂性，各个地域的体育发展程度也不尽相同，加之其他社会因素的影响，体育概念很难统一起来，这对现代体育经济的研究产生了一定阻碍。因此，这里对体育概念进行简要的历史回顾，并从多个维度对现代体育概念进行再认识，为现代体育经济的多维度发展探析奠定理论基础。

（一）体育概念的历史回顾

1. 古代体育概念

体育的历史是从原始社会时期开始的，而“体育”一词则是 18 世纪才开始出现的。所以说，无论是中国还是外国，在古代都没有明确且完整的关于“体育”的概念。

(1)国外古代体育。

古希腊是近代欧洲体育的源头，和体育内容有关的记述多次出现在古希腊文献中，例如，公元前10世纪前后，古希腊盲诗人荷马创作的《荷马史诗》就对体育竞技活动进行了详细的描述；公元前5世纪至公元前4世纪，希腊的柏拉图、亚里士多德等思想家、教育家和哲学家也在他们的著作中大量论述了和体育相关的问题，体育之于古希腊人的重要性显而易见。但不可否认的是，古希腊文献中关于体育的基本术语寥寥无几，和今天“体育”的概念相对接近的“体操”一词，也是直到公元前6世纪至公元前5世纪才开始出现①。不过，这里的“体操”是奴隶主贵族的专属，而且不包括“竞技”的内容，和后来的“体育”仍存在一定的差异。

(2)中国古代体育。

中国作为世界四大文明古国之一，在古代时也有着十分丰富的体育活动。与欧洲国家的体育不同，中国古代的体育活动是从属于社会其他活动的。尽管一些体育活动，如武术、球戏、棋戏等，也各自形成了相对完整的体系，但是，由于各种体育活动之间没有内在的社会联系，所以并不能成为独立的统一体，也没有形成一个能够囊括所有体育活动的总概念。需要注意的是，中国古籍中偶尔也有“体”和“育”连用的现象，如东汉王符的《潜夫论·五德志》中就有“或黄冯依，或继体育”的句子，但这里的“继体育”指的是“继承先帝正体而立”②，与当今的“体育”概念相差甚远。总之，作为概括体育活动的专门术语的“体育”在古代尚未出现。

2. 近代体育概念

古希腊体育在罗马帝国统治和中世纪黑暗统治时期几乎消失殆尽，到了文艺复兴时期才重新大放异彩，古希腊的体育概念从文艺复兴时期一直延续到18世纪中叶。

18世纪中叶以后，随着西欧近代教育的确立，近代体育开始逐渐发展起来，体育的基本概念和术语也呈现出新的发展势头。18世纪60年代，法国的儿童教育著作中开始出现“体育”(法语 Education Physique)一词。到了19世纪，“体育”开始作为专门术语被用于部分教育与体育著述中。这里的“体育”是教育学上的体育，是作为教育的一个组成部分而存在的。在

① 周西宽，等.体育学[M].成都：四川教育出版社，1988：61-71.

② 周西宽，等.体育基本理论教程[M].北京：人民体育出版社，2004：20.

教育学的体育概念诞生之后，“Physical Education”一词开始在欧洲出现，成为后来我们所理解的广义上的“体育”术语。

中国古代没有体育的专业术语和概念，近代中国的体育概念主要有“体操”和“体育”，都是直接从日本引入的。

3. 体育总概念

随着体育运动实践的不断发展，进入20世纪50年代后，像“体育运动”、广义的“体育”这样的体育总概念开始在国内外获得了一定的认可。尽管体育总概念的定义尚未统一，但不可否认的是，它突破了以往体育概念主要从教育学和生物学层面进行界定的局限，从教育学、心理学、文化学、社会学等多个学科出发，对体育的概念进行界定，其外延涵盖了体育教育、群众性体育、竞技运动等多种多样的体育形式。

国内外比较有权威的体育类工具书都对体育总概念进行了描述。

(1)国外体育总概念描述。

《美国百科全书》中的体育总概念是“体育运动”，具体描述为：“泛指一切非生产性的体力劳动，即从兴趣出发，以竞技为目的和以强健身体为目的的体力活动。”

《体育名词术语》中的体育总概念是“体育”，具体描述为：“广义文化的组成部分，它综合各种身体活动来提高人的生物学潜力和精神潜力的范畴、规律、制度和物质条件。”

《苏联百科词典》中的体育总概念是“体育”，具体描述为：“社会文化的一部分，为增强人的健康和发展人的体质而开展社会活动的一个领域。”

(2)中国体育总概念描述。

《中国大百科全书·体育》中的体育总概念是“体育”，具体描述为：“是人们锻炼身体、增强体质、延长生命的重要方法；是与德育、智育、美育等相配合的整个教育的组成部分。”

陈安槐和陈荫生主编的《体育大辞典》中的体育总概念是“体育(广义的，亦称体育运动)”，具体描述为：“人们根据生产和生活的需要，遵循人体的生长发育、生物机能活动能力变化与适应性的规律，以及动作技能形成规律与认识事物的一般规律，以身体练习(体育动作)为基本手段，结合日光、空气、水等自然因素和卫生措施，达到全面发展身体、增进健康、增强体质，提高运动成绩水平，丰富社会文化娱乐生活为目的的一种社会活动。”①

---

① 陈安槐，陈荫生. 体育大辞典[M]. 上海：上海辞书出版社，2000：3.

（二）现代体育概念的再认识

1. 哲学视角下的体育概念再认识

就哲学层面而言，体育的本质就是人的自然化。人的自然属性涵盖人的自然个性的发育和成熟、体脑结构及其生理和心理机能、身体素质和人的基本活动能力等多个方面，是人身心发展的前提条件。中国哲学注重人与自然、人与人关系的统一，尤为关注和强调各种不同事物之间存在的共性。例如，中国传统的"天人合一"思想，强调的就是人与自然的统一、人的行为与自然的协调、人的道德理性与自然理性的一致等。而体育的作用主要在于发掘人的自然属性，促进人的体能的全面发展，具体而言，主要表现在三个方面：一是促进人自然个体的生长发育和成熟；二是提高人的生理功能水平；三是促进人的大脑结构、功能及心理功能的发展。正如毛泽东在《体育之研究》一文中所言："体育者，人类自养其身之道，使身体平均发达，而有规则次序之可言者也。"

2. 现象学视角下的体育概念再认识

在现象学中，所有的活动都是有意义的，而这些活动的意义都是人赋予它们的。就这一层面而言，人的意识活动实质上就是一个对意向对象进行建构、诠释，并赋予其意义的过程。从现象学的角度来看，体育的内容可以被称为意向内容，意向内容所指向的篮球、排球、足球等具体的体育活动就是意向对象，想要判断一种活动是否属于体育活动，不是看活动本身属于什么形式，而要看这一活动有没有被人们赋予体育的意义；想要了解体育的本真，就要悬置一切已有的认识，进入体育发生意义的人类生活世界中，探析体育本来的面目。

由于人类的生活世界是通过人类的交往活动呈现的，所以体育活动也不可能孤立地存在于人们的生活中，而是通过人们的交往活动和意义所指引的网络呈现在我们的面前。随着人类生活世界日新月异的发展，反映人们身体基本活动能力和技能的形式也越来越多，体育活动的内容和形式也在随之趋向高级和复杂，与之相对应，体育概念所涵盖的范围也在不断扩大。

3. 人文学视角下的体育概念再认识

人文学认为，人是一切关系的总和。体育是以人为主的活动，所以要想真正了解体育在人的本质的形成与完善、丰富与发展等方面的作用，就必须要明确人在体育活动中的主体地位与作用。就本质而言,体育是一种身体运动文化,是人类以自身为对象创造出来的文化,一切对体育概念和本质的研究都要将人类的健康与体质的终极效果放在首要位置,才能够避免进入认识的误区。需要注意的是,如果只是从表面的、浅显的角度对体育进行认识,就很容易将体育视为只和生物学相关的概念范畴,从而忽视体育中所蕴含的人文精神。因此,在呼唤人文精神的 21 世纪,对体育概念的再认识要改变生物体育观的统治地位,积极发展人文体育观,实现体育本质即人文精神的回归。

二、现代体育的形成和发展

体育的产生和发展经历了一个漫长的过程,在这个过程中,体育逐渐从自发、自在、自觉逐渐发展到自为,变得越来越复杂。体育经历了自发、自在、自觉的阶段,开始进入自为阶段之时,就是现代体育的形成之时。由此可见,现代体育是相对于古代体育和近代体育而言的,其形成的重要标志是现代奥林匹克运动的兴起。

中世纪以后,现代体育有了较快的发展。14 世纪到 16 世纪的文艺复兴将人类带入了自觉审视自身的新阶段,使人的生活和人体成为人类认识和改造的对象。17 世纪到 18 世纪的科学技术革命和 19 世纪的工业革命进一步提高了人类的认识能力,使人类对身体活动和自身自然变化规律有了更深层次的认识,开始自觉地运用身体活动,并对身体活动进行科学化的、有意识的设计、改革和完善。

随着经济、科技和文化的发展,现代体育已经发展成为科学化的、自为的体育,被定义为人类有意识、有目的、有计划的行为。在全球化背景下,现代体育已经打破了地域、肤色、文化等的界限,摆脱其传统性而成为与现代生活相适应的全新体育方式。

三、现代体育的分类及特征

(一)现代体育的分类

依据不同的分类标准,现代体育有不同的分类方式。国际上认可度较高的现代体育分类方法是将现代体育分为竞技体育和大众体育两类,其中,竞技体育指的是以奥运会为核心的精英体育;大众体育则是指普通民众体育。我国学者一般将现代体育分为三大类,即竞技体育、学校体育和大众体育，具体如表 1-1 所示。

表 1-1　我国的现代体育分类

分类	概念	特征
竞技体育	专业运动员为提高专项运动成绩，获得比赛胜利而进行的体育运动	将体育作为一种职业，作为工作的手段
学校体育	学生为掌握体育知识技术和理论方法，增强体质，实现自身全面发展而进行的体育运动	将体育作为自我全面发展的手段
大众体育	除学生、专业运动员外的广大群众为增强体质、调节精神、丰富文化生活而进行的体育运动	将体育作为提高生活质量、提高工作能力的手段

（二）现代体育的特征

1. 国际化和全球化

以奥运会为代表的竞技体育是现代体育的主旋律，竞技体育所具备的国家化和全球化特征同时也是现代体育的显著特征。在经济全球化背景下，世界市场逐渐形成，冲破了国家之间、民族之间的壁垒，加快了社会生产和消费的国家化与全球化，使现代体育也超越了国界和种族，形成了东西方体育交流融合的国家化和全球化大趋势。现代体育国际化和全球化最重要的标志就是国际体育组织的产生和发展。现代体育的国际化和全球化发展在人类社会的进步和文化的繁荣中发挥着不可或缺的重要作用。

2. 科学化和高水平化

科学化和高水平化是现代体育的又一个显著特征。现代科学技术飞速发展带动了生产力水平的提高，加快了经济的发展速度，促进了现代体育尤其是竞技体育的科学化和高水平化。无论是运动员的服装、各种类型的运动器材，还是体育场地建设材料、光电计时测距装置，抑或是闭路电视转播体育比赛、卫星电视的实况转播等，无不表明了体育运动已经成为现代科技的应用对象之一。现代体育的科学化和高水平化对人类社会的发展产生了促进作用。

3. 商业化和职业化

自20世纪80年代人们利用商业手段运作大型体育竞赛开始，现代体育的商业化和职业化特征日益凸显。对体育爱好者来说，体育竞赛有着极大的吸引力，他们直接或间接地观看体育竞赛，为现代体育的商业化运作提供了良好的条件，奠定了群众基础，而现代体育的商业化运作也在一定程度上扩大了现代体育的影响力，促进了现代体育运动的新发展。在体育商业化的基础上，运动员将体育运动作为一种谋生手段，参与到体育竞赛中，促进了现代体育的职业化，而现代体育的职业化也有利于运动员成绩的提高，能够在一定程度上增强体育竞赛的竞技性和观赏性，促进现代体育向"更高、更快、更强"发展。

4. 多样化和生活化

以增加体育人口为目标的大众体育是现代体育的重要组成部分，大众体育的多样化和生活化特征同时也是现代体育的显著特征。现代体育的多样化主要包括三个方面：一是人们体育价值观念的多元化；二是体育活动形式的多样化；三是体育运动项目的多样化。现代体育的生活化是现代体育的社会性特征，意味着体育运动和人类的基本生理活动一样，已经成为人们日常生活不可或缺的组成部分。现代体育的多样化和大众化是终身体育和终身健康思想、多元化体育价值观的体现，是社会发展到一定程度时个人与社会相融合的成果，意味着现代体育已经不仅仅是一种强身健体的手段，而是人们追求体育活动本身价值、享受体育运动带来的精神愉悦的一种生活方式。

第二节　体育与经济的关系研究

体育和经济之间存在十分密切的关系，一个国家或地区的体育运动的规模和水平能够在一定程度上反映该国家或地区的经济状况和水平。具体而言，体育的发展受经济的制约，离不开经济的支撑，同时又对经济的发展起到一定的促进作用，能够推动经济朝着又快又好的方向发展。正确认识体育与经济之间相互制约而又彼此促进的关系，建立体育与经济良性循环、协调发展的有效机制，不仅对体育事业的发展大有裨益，而且对现代体育经济的理论与实践研究至关重要,以下从经济对体育发展的基础作用和体育的经济功能两个方面出发,对体育与经济的关系进行具体分析与探讨。

一、经济对体育发展的基础作用

(一)经济决定社会对体育的需要

1. 体育是人的社会性需要的产物

体育作为一种人的活动,和人的其他活动一样,是人的社会性需要的产物。体育的产生和发展取决于人的社会本性、人所处的社会生产和生活环境以及人在经济关系中的地位。

体育是人的社会性需要的产物,主要有以下三层含义。

①人对体育的需要以人的自然属性为基础但并不被人的自然属性所决定,它不是单纯的生理需要,而是人的自我价值的实现,是一种精神的需要和社会性的需要。

②人对体育的需要是人为了满足自身的精神、心理、社会交往等需要而自觉地、有目的地创造出来的一种社会性需要,是人类物质文明和精神文明发展的产物。

③人对体育的需要是一种社会性需要,这种社会性需要虽然是人本身的创造,但也是以经济为前提的,它并不取决于人的主观意愿和意志,而是取决于当时的社会经济条件。

2. 社会对体育的需要取决于生产力水平

人和社会对体育的需要与生产关系、人在经济关系中的地位密切相关,其最终的实现程度和方式取决于社会生产力水平。

一方面,社会生产力水平影响体育消费。体育消费是发展消费和享受消费,属于中高层次的消费,其在人们整个消费中的比重会随着社会生产力水平的提高和人们收入的增加而逐渐上升。

另一方面,社会生产力水平影响社会对体育需要的变化。随着科学技术的迅速发展,现代社会的电子化、自动化和信息化特征已经越来越明显,这在很大程度上促进了社会生产力的发展,极大地减少了人们在社会生产和生活中的体力支出,所以人们需要借助体育来弥补社会生产力水平提高所减少的体力支出,提高身体素质,提升生活质量,治疗现代“文明病”。这就是社会生产力水平在社会对体育需要的变化方面的影响。

(二)经济决定体育发展的规模

物质资料生产活动是人类最基本的实践活动,是社会政治、经济、文化、教育等活动的基础。体育作为社会文化的重要组成部分,是社会物质文明和精神文明发展的产物,其产生和发展都依赖于一定的社会生产力发展水平。一个国家或地区的经济发展能够为当时的体育发展提供一定的人力、财力和物力,也能够在一定程度上决定人们对体育的需求性质和需要强度,进而影响到该国家或地区的体育运动发展水平和规模。

在社会生产力迅速发展的当今社会,随着人均国民生产总值的增长和国家经济实力的提升,国家和社会能够为体育运动发展提供的人力、财力和物力越来越多,使体育运动的规模也越来越大。以奥运会为例,1896 年的第一届奥运会,参赛国家只有 13 个,所设项目仅 9 大类 32 小类,总参赛人员也只有 331 名。随着经济的发展和社会生产力的提升,到了 20 世纪末 21 世纪初,奥运会的参赛国家、所设项目和参赛运动员都远超第一届奥运会,2008 年北京奥运会的参赛运动员已经达到了 11438 名,是第一届奥运会的 34 倍还多。部分奥运会的规模如表 1-2 所示。

表 1-2　部分奥运会规模一览表

年份	届次	主办地	参赛国家(个)	所设项目(个)	参赛运动员(名)
1896	1	雅典	13	9 大/32 小	331
1996	26	亚特兰大	197	26 大/271 小	10318
2000	27	悉尼	199	28 大/297 小	10651
2004	28	雅典	202	28 大/299 小	11099
2008	29	北京	204	28 大/302 小	11438
2012	30	伦敦	204	26 大/302 小	10568
2016	31	里约	207	28 大/306 小	10500

需要注意的是,经济对体育发展规模虽然具有一定的促进作用,但同样也会制约体育发展的规模。经济对体育发展规模的制约主要体现在其对大型运动竞赛承办能力的制约上,特别是大型现代运动竞赛,如奥运会、亚运会、世界杯、全运会等,具有规模大、耗资多的特点,都需要健全的体育场馆设施、软件服务和配套工程,其承办权的争夺说到底还是各国经济实力的较

量。现代历届奥运会耗资情况如表1-3所示。

表1-3　现代历届奥运会耗资情况

年份	主办地	耗资情况
1964	东京	30亿美元
1972	慕尼黑	20亿美元
1976	蒙特利尔	14亿美元
1980	莫斯科	8亿卢布
1984	洛杉矶	4.69亿美元
1988	汉城(今首尔)	25亿美元
1992	巴塞罗那	15.7亿美元
1996	亚特兰大	17亿美元
2000	悉尼	15.6亿美元
2004	雅典	100多亿欧元(约120亿美元)
2008	北京	193.43亿元人民币(审计结果,不含市政建设费用)
2012	伦敦	93.25亿英镑
2016	里约	131亿美元

(三)经济决定竞技体育的水平

一个国家或地区的竞技体育水平和当地的经济发展、社会发展等多种因素有关,但究其根本,还是由经济发展水平决定的。国家或地区的经济发展水平和经济实力对民族的体质、体育运动的基础、运动训练的规模、训练的物质条件、科学训练的水平等具有决定性作用,而这些因素又对竞技体育的水平有直接影响,所以说,经济决定着竞技体育的水平。

在当代社会,竞技体育水平很大程度上取决于运动训练的物质技术条件和科学训练水平。各个国家或地区在现代体育赛事上的竞争,说到底还是体育领域里科学的竞争和人力、财力、物力投入的竞争。一个国家或地区在体育领域里的投入,又取决于该国家或地区的经济发展水平。以2008年北京奥运会为例,发达国家获得的奖牌数量和发展中国家获得的奖牌数量之间存在较大的差距,经济发展水平较高的发达国家的奖牌数量远高于经济发展相对滞后的发展中国家的奖牌数量,具体如表1-4所示。

表 1-4　2008 年北京奥运会奖牌分布情况

国家或地区数量		获金牌(数量)		获银牌(数量)		获铜牌(数量)		获奖牌总数	
国家或地区	数量（个）	总数（枚）	比重（%）	总数（枚）	比重（%）	总数（枚）	比重（%）	总数（枚）	比重（%）
发达国家	36	189	62. 58	207	68. 32	207	58. 64	603	62. 94
发展中国家	51	113	37. 42	96	31. 68	146	41. 36	355	37. 06
合计	87	302	100. 0	303	100. 0	353	100. 0	958	100. 0

二、体育的经济功能

(一)体育的经济功能的内涵

体育的经济功能是体育经济学研究的基本理论问题之一,其体现为经济制约体育和体育对经济的发展具有一定的反作用。因此,我们可以认为体育的经济功能指的就是体育在实现社会经济发展中的各类能力。此外,体育消费主体利用体育服务进行生产与交换,进而对社会物质生产部门、非物质生产部门以及人们生活消费所产生的各项经济机制的总和也可看作体育经济功能的表现。

马克思主义指出,生产劳动与智育、体育结合,能够提升社会生产效率,同时也能够推动人的全面发展。这充分表明,体育作为实现社会主体——人的全面发展的一种必要手段,其能够发挥何种作用,是判断体育价值的根本尺度。

上述提及的体育能够提升社会生产效率和促进人的全面发展的两个优势作用是相互联系且统一的,其共同作用在社会主义劳动者身上。在社会主义国家中,人是社会的主体,人的发展是开展一切社会活动的目的,同时人也是社会生产力要素中的根本要素。而体育的全部运行机制是作用在社会主体和社会生产力基础之上的,这也恰恰是体育经济价值和经济功能内涵的体现。因此,在对体育的经济价值与经济功能进行研究时,既要时刻以体育服务的生产满足人的需要为目标,实现人的全面发展,又要充分展现体育的经济功能,发挥体育对社会生产力和经济增长的促进作用。在过去,我们单纯地认为体育是一个只有消费和娱乐产生的部门,只看重体育的强身健体、观赏娱乐的功能,这严重制约了我们对体育的经济功能的研究。为此,当前我们在对体育的经济功能进行研究时就要打破过去的陈旧观念,将体育在国民经济发展中的作用提取出来,从而使全社会对体育工作引起重视并增加对体育部门的有效投入。

(二)体育在劳动力再生产中的作用

体育在劳动力再生产中的作用主要表现为,体育能够发展劳动力,提升劳动力质量,特别是提升劳动力身体素质。下面将对劳动力和劳动力素质进行介绍,之后对体育在劳动力再生产中的作用进行深入分析。

1. 劳动力和劳动力素质

劳动力指的是人们在征服自然和改造自然过程中展现出来的能力,是生产某种使用价值时所需使用的体力和智力的总和。劳动力素质包含身体素质、文化技术素质以及思想道德素质。体育经济功能的特点主要体现在提升劳动者的身体素质方面,而劳动者的身体素质则主要体现在以下三个方面。

(1)健康状况。

健康是人体对疾病的抵抗力和对外界环境所产生的适应力,健康状况则指的是劳动者在生理机能运转过程中的情况。通常情况下,我们会以人体的患病率和对外界的适应率为判断劳动者健康状况的主要依据。

(2)体力和精力状况。

体力与精力是保证劳动者正常进行劳动和运动的能力,其与劳动者的健康状况具有密切关系,体力与精力同时也是劳动者在劳动和工作中提升效率的前提条件。

(3)生命力和寿命的状况。

生命力和寿命是劳动者生存能力的主要体现,它是健康状况、体力与精力状况的延续和效果归宿,更是劳动者有效开展劳动、运动、训练等活动的先决条件。

2. 体育在劳动力生产和再生产中的作用

体育教育、体育训练以及体育各项活动都充分证明,体育对劳动力道德生产和再生产具有重要作用,主要体现为“培养”“修理”“保护”“增强”“恢复”“延长”劳动力。

(1)体育能够“培养”劳动力。

“培养”劳动力是体育在劳动力成长过程中发挥的作用。社会主义教育的任务是将青少年培养为“德、智、体、美、劳”全面发展的高素质人才,而体育教育在实现这一目标的过程中具有重要作用。参与体育训练、体育活动以及体育比赛能够培养劳动者的坚强意志和拼搏精神，体育能够为社会现代化建设提供健康的劳动力。

（2）体育能够“修理”劳动力。

“修理”劳动力指的是体育锻炼对劳动者的某些疾病具有医疗和康复的作用。针对现代社会中劳动者出现的高血压、肥胖症、糖尿病、冠心病、颈椎病、肩周炎等疾病，体育疗法的效果立竿见影，是其他方法所不能替代的。

（3）体育可以“保护”劳动力。

“保护”劳动力指的是体育中的体育服务产品消费和体育锻炼能够保证劳动力在工作、活动中正常发挥作用。经常参与体育表演和参与体育锻炼的劳动者，自身机能状况会得到优化，疾病的发生率较小。此外，经常参与体育锻炼能够使劳动者精力充沛、四肢灵活、动作协调，能够有效降低劳动过程中生产事故的出现率。

（4）体育可以“增强”劳动力。

“增强”劳动力指的是体育能够提升劳动者的身体素质。经常参与体育锻炼，能够使劳动者的身体更加有力，并使劳动者在面对繁重工作时保持良好的状态；可以提升劳动者大脑的反应速度，实现智力的开发；还能够促进神经系统的发育，增强神经系统的灵敏性。

（5）体育可以“恢复”劳动力。

“恢复”劳动力指的是体育能够帮助劳动者消除疲劳，恢复原有体力和精力。劳动者在参与各种劳动、工作、活动的过程中，体力和脑力都会有较大的损耗，会产生疲劳感，需要尽快回复。而体育运动具有的娱乐性、游戏性以及艺术性特点能够在劳动者参与其中时帮助其愉悦身心，从而获得精神享受和自我满足。

（6）体育可以“延长”劳动力。

“延长”劳动力指的是适量的体育活动能够延长劳动寿命。劳动力在年龄增长的过程中，机体会走向衰老，各个器官以及系统的功能会逐渐衰弱，身体的活动能力和运动能力也会逐渐降低，机体的适应能力和抵抗能力也会随之降低。坚持科学、合理的体育锻炼，能够延缓机体的衰老，预防多种老年疾病，以此延长劳动寿命。

（三）体育在经济增长中的作用

生产力的发展情况直接决定经济增长速度，是否有助于生产力的发展是开展实践活动的首要考虑因素。通过对我国体育和经济内在和外在联系的分析，可以将体育对经济增长的作用方式归纳为以下三个方面。

1. 渗透式

体育是提升劳动者素质的重要手段，前面提到的体育在劳动力再生产中的六个作用，能够通过提升劳动者的出勤率和劳动效率、增强劳动者的凝聚力和企业精神等方式渗透到国民经济的各个部门，进而实现整个国民经济的增长。

2. 相关式

相关式指的是同体育服务产品的生产、交换、消费有关的其他经济关系，可以利用体育获得适当的经济增长。体育的存在和发展，特别是举办国内外大型体育赛事，能够有效地扩大对各类运动产品的需求，这会推动运动器材、运动服装、运动鞋以及运动食品等产业的发展。

3. 依托或联姻式

依托或联姻式指的是体育能够促进以体育领域为依托，或是与体育联姻合办的其他行业的经济发展。这些行业如体办商业、体办旅游、体育饮食服务业等是体育发展的必要条件，也是体育发展对经济增长做出的贡献表现。除此之外，体育的发展还有助于相关企业知名度的提升，能够有效拓宽产品销售的渠道。

总体来说，这三种作用方式充分体现了体育发展社会生产力，实现国民经济增长的经济功能，同时也为人们正确认识体育在国民经济中的地位和作用奠定了前提基础。

（四）体育对第三产业发展的作用

体育产业作为一个为社会提供体育产品的部门，属于第三产业的内容范围。因此，体育对第三产业的作用，即为第三产业内部各产业部门之间的互补作用或相关作用。概括而言，主要体现在以下两个方面。

1. 实现交通、邮电及整个市政建设的发展

体育事业的发展与交通运输业、邮电信讯业以及整个市政建设之间具有互补关系。发展体育运动，尤其是开办大型体育赛事，既要有体育场馆设施，也要有各种各样的生活服务设施与体育场馆设施相配套，如机场、饭店、宾馆、电视转播、旅游景点等。这会在无形中促进交通运输业、邮电通信业等有关产业的发展。例如，北京为了办好第 29 届夏季奥林匹克运动会，新建、改建体育场馆 31 个，同时投资了 2800 亿元对北京的地铁、道路以及环

境等基础设施进行改造和重建,使北京的市政面貌得到了极大的改善,增强了城市综合实力。

2. 实现旅游、饮食以及服务等第三产业的发展

体育运动的发展对旅游业、饮食业、服务业以及商业发展具有促进作用。这是因为各类大型体育活动,尤其是国际性、世界性的体育赛事,如奥运会、世界杯等,参与的运动员人数众多,再加上裁判员、记者、各国工作人员等,参与者可能会高达几十万人。要想解决这么多人的吃、住、行等活动的需要,就要开办多种服务业、餐饮业等,若这些行业没有得到相应的发展,体育运动比赛也就难以顺利进行。因此,在体育发展对这部分第三产业发挥促进作用的同时,这一部分第三产业也会对体育的发展起到推动作用。

(五)体育在增加就业机会中的作用

1. 体育的发展会增加体育部门的就业机会

体育产业的市场化运作需要各行各业的劳动者参与,这也在无形中拓宽了就业渠道。因体育产业属于服务性行业,因此相对于其他部门而言,体育部门能够容纳更多的劳动力。例如,英国的体育产业为国民经济中的体育部门提供了 76 万个就业机会,这个数字基本与英国整个化学工业和人造纤维工业的就业人数相等;2008 年的北京奥运会则直接为我国提供了 210 万个就业机会。

2. 增加和体育有关的工业部门的就业岗位

随着体育运动的不断发展,社会对运动服装、运动器材以及和体育有关的工业部门产品的需求不断上涨,因此这些企业的生产规模会不断扩大,对劳动者的需求也会相应扩大。

(六)体育对提高人们生活水平的作用

体育是社会主义精神文明建设中的关键内容,也是提升劳动者身体素质、促进生产力发展、开展物质文明建设的主要手段,更是提升人们生活水平、构建科学健康的生活方式的重要途径。体育对提升人们生活水平的作用主要体现在以下几个方面。

1. 体育能够丰富人们精神生活、文化生活的内容

当前,我国社会主义市场经济改革已经进入关键时期,经济在获得平稳

发展的同时,也给人们的社会生活方式带来了一定的改变。这种改变表现在体育方面即体育活动的内容更加丰富多彩。当前体育活动的内容主要是传统项目与现代项目并举,娱乐、旅游、商业与体育的结合愈加密切。社会价值观和习俗的革新,使健康、科学的生活方式被更多人所接受,单一的体育活动项目已经被淘汰,多样化的体育活动正在蓬勃发展。

2. 体育能够提升生活质量与满足人们精神需求

随着社会主义市场经济的发展,市场竞争趋于白热化,竞争意识的存在促使人们在生产劳动和工作过程开始探寻能够有效提升工作效率的方式,生产活动开始走向自动化和信息化,如此一来,人们的劳动与工作时间减少,休闲时间增多。在闲暇时期,人们自主掌握时间的分配,可供选择的休息方式也更加多样。在人类社会的进步和文明程度逐渐提升的过程中,人们开始将目光转移到自身的健康问题上。在拥有时间又拥有健康意识的基础上,体育锻炼开始成为人们闲暇时间提升生活质量的主要方式,其既能够满足人们精神生活的需要,又能够促进身体健康。

3. 体育能够提升人口素质与防治"文明疾病"

在科学技术不断进步的现代社会,生产工作中机器的自控程度越来越高,各类产品、技术随时都有可能被革新。而作为生产工作的主体,人们要想掌握这些新产品、新技术,就要缩短自身知识库的更新周期,时刻掌握最前沿的信息,富有开拓精神和较强的接受能力,更要具有健康的体魄和充沛的精力。而体育作为研究人体及其智能培养、发展、保护、恢复、维持的科学项目,在信息时代中对提升人口素质具有十分重要的作用。此外,因科技的发展,生产实践中的体力劳动逐渐减少,人们更多进行的是脑力活动,这会造成身体素质的下降,机体逐渐衰退,久而久之会导致许多"文明疾病"(如糖尿病、高血压、肥胖症等)的出现。因此,开展体育运动,增强身体素质,已经成为更多国家防治"文明疾病"的主要手段。

第二章　现代体育经济概述

现代体育经济作为国民经济的重要组成部分，不仅对体育产业自身的发展有所影响，而且会对社会经济的发展产生巨大的推动作用。本章主要通过对现代体育经济背景的分析，以及对现代体育经济基本内容与概念的研究，来对现代体育经济进行概述。

第一节　现代体育经济背景分析

一、第三产业的发展

第三产业的发展对现代体育经济发展的影响主要体现在两个方面：第一，为其发展创造了良好的条件；第二，为其发展提供了更为广阔的空间。

20 世纪中叶以来，随着生产力的发展，第三产业迅速崛起，并在世界经济和社会发展进程中呈现后来居上的态势。从横向上来讲，经济发展水平越高的国家和地区，其服务业所占的比重就越高；从纵向上来讲，经济的发展和社会的进步又为服务业比重的增大提供了有力支持。第三产业的繁荣发展已成为全球性的经济发展趋势。

第三产业的迅速崛起与发展主要受三方面因素的影响：生产力、消费机构以及生产结构。社会生产力的发展为劳动力由第一、第二产业转移到服务业奠定了基础；经济收入的增加、生活水平的提高使人们的消费结构发生了巨大的变化，服务消费比重明显上升，有力地推动了生活服务业的发展；生产的社会化、信息化、市场化推动了生产结构的变革，生产性服务比重上升，有力地促进了生产服务业的发展。体育产业就是在这样的背景下产生和发展的。

第三产业提供的各种服务与产品有效地满足了人们多方面的需求，这使第三产业在现代社会中的地位越来越重要，成为提高人们生活质量的主要产业部门。服务业在国民经济中的地位是由服务消费的功能决定的。在经济发展较快的国家,服务消费的功能主要表现在两个方面:一方面是满足人们不同层次的需求,另一方面是构成社会再生产的决定因素,服务业在国民经济中占据重要地位;在经济发达的国家,相较于物品消费功能,服务消费的功能更重视消费的“质”和“量”,服务业在国民经济中占据着“首席地位”。

从市场对产业资源的配置来看,一个产业的兴起和发展与市场的需求有着密切的关系,服务业潜在需求大、发展空间广,对经济发展具有巨大的推动作用;从服务需求来看,国民经济的高速发展为服务业的发展提供了一个良好的平台,人们对服务产品的需求不断提高,使服务消费成为新热点。这些因素都为体育经济的兴起创造了良好的条件。

作为第三产业第三层次的体育产业,在国民经济持续增长的大环境中,不仅拥有良好的发展条件,而且拥有更为广阔的发展空间。

二、现代体育的发展

现代体育的发展为体育经济的发展奠定了基础。

随着生活水平的逐步提高,人们对体育的需求量与消费量越来越大,对体育活动的参与热情也越来越高,体育已成为人们生活中不可或缺的重要组成部分,这些因素都有力地促进了现代体育经济的发展。

经济全球化形势下,现代体育在社会中扮演着重要的角色,已成为社会整体的一部分,其不仅为人们提供了一种新的娱乐休闲和提高身心素养的方式,而且反映着一个国家的文化价值。经济的高速发展,在提高人们生活质量的同时,也使体育在本地区和国家的经济发展中产生了巨大的作用。

现代体育的发展与社会经济的发展之间有着极为紧密的联系:社会经济的发展为体育的发展奠定了基础,不仅推动了体育相关产业的发展,而且改变了人们的体育消费观念;而体育相关产业的发展以及体育消费观念的增强推动了体育消费市场的形成,又为社会经济的发展创造了条件。现代体育经济作为社会经济的一部分,自然能够享受到现代体育发展所带来的成果。

三、居民消费结构的变动

居民消费结构的变动是现代体育经济形成与发展的又一重要背景。随着社会经济的不断发展,城乡居民的生活水平有了很大的提高,可支配收入也明显增加,这使居民在满足物质需求的同时,开始追求精神方面的满足,而体育产业在很大程度上能够满足居民这方面的需求，于是城乡居民的体育消费比例随之增加。居民消费结构的这一变动，有力地推动了我国体育产业的发展，为体育经济的形成与发展创造了良好的条件。

（一）居民消费结构变动的理论基础

居民消费结构变动的理论基础是马斯洛的需要层次理论。马斯洛的需要层次理论将人类的需要分为五个层次，从低到高依次为：生理需要、安全需要、归属与爱的需要、尊重的需要、自我实现的需要，具体内容如图 2-1 所示。人类在发展的不同阶段，有着不同的需要，且更高级别需要的实现都建立在较低级别需要得以满足的基础上。

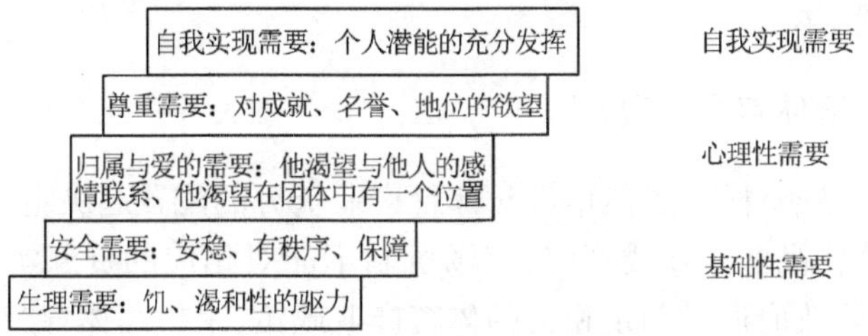

图 2-1　马斯洛需要层次理论

马斯洛需要层次理论对于消费结构转变分析来说，其意义主要表现为人类消费结构重心的转移。随着社会的发展，国民收入水平的提高，人们在满足低层次的生理需要后，开始追求较高层次的需要，而这种追求层次的提高则通过消费结构的变动体现出来。

（二）居民消费结构变动的具体表现

以体育消费为例，在温饱阶段，居民的消费以物质产品消费为主，消费的目的是生存，所以对体育产品需求较弱；在小康阶段，居民收入水平有了较大的提高，对耐用消费品和体育产品的需求量有了明显的增加；在富裕阶段，居民对具有奢侈品特点的服务需求的比例较大，如参与高尔夫运动等高层次的体育消费。

四、体育产业政策的调整

体育产业政策的调整为我国体育产业的发展提供了有力的政策支持，推动了我国体育产业的可持续发展，为我国现代体育经济的产生与发展创造了良好的环境。

(一)体育产业政策对体育产业发展的作用

1. 促进体育产业结构的合理化

由于体育产业各部门之间的联结方式、不同体育产业之间的合理比例关系等,都涉及体育产业资源在全社会范围内有计划的调配,而这些有计划的调配需要体育产业相关政策的规范与支持,所以说体育产业结构的变动与体育产业政策之间有着重要的联系。政府根据体育市场的供求趋势,制定相应的体育产业政策,通过必要的手段(主要指经济手段和法律手段),实现体育产业资源在体育产业各部门之间的合理分配,促进体育产业结构的合理化发展。

2. 有效配置体育产业资源

在市场经济条件下,虽然市场对体育产业资源的配置起决定性作用,但对于提供公共物品的企业或部门,市场机制不能对相应的资源实现有效配置,这时就需要政府通过制定相关的体育产业政策,来提高体育产业的运行质量,从而保证体育产业朝着既定的目标发展。

(二)我国体育产业政策的发展

为了推动我国体育产业的稳定发展,我国在不同的发展阶段采取不同的产业政策。而体育产业政策的调整,在促进我国体育产业发展的同时,也为我国体育经济的形成与发展提供了政策上的支持。

计划经济时期,我国在体育事业的发展上主要实行国家主导型的管理体制与政策,体育相关活动的组织与开展均由体育部门负责。体育主管部门围绕国家体育事业发展战略工作,严格意义上来讲,对体育产业的开发与经营还不存在。所以这一时期,我国未出台能够推动体育产业发展的相关政策。

1984 年国务院发布了《关于进一步发展体育运动的通知》,1986 年国家体委发布了《关于体育体制改革的决定》,这两份文件的发布,不仅打开了我国体育改革发展的大门,而且开启了我国体育事业产业化的发展征程。之后国家体委又发布了多份文件,如《关于加强体育市场管理的通知》《体育产业发展纲要(1995—2010)》等,为我国体育产业的发展创造了良好的发展环境。

进入 21 世纪后,随着我国体育事业的改革与深入发展,我国体育产业的发展进程也有了明显的加快。为了保证体育市场的稳定以及体育产业的健康发展,体育主管部门、国务院相继出台了多项政策措施,内容涉及体育产业发展的各个方面，例如2000年国家体育总局发布了《2001—2010年体育改革与发展纲要》，2002年中共中央国务院颁布了《中共中央国务院关于进一步加强和改进新时期体育工作的意见》，2010年国务院颁布了《关于加快发展体育产业的指导意见》，2016年国家体育总局发布了《体育产业发展“十三五”规划》，2017年国家体育总局发布了《体育标准化管理办法》等，都为我国体育产业的健康发展提供了政策上的支持和方向上的指导。

（三）体育产业政策的内容

虽然我国体育产业政策在不同的发展时期都有不同程度的调整，但在经历了几个阶段的发展后，其内容趋于稳定，主要包括体育产业组织政策和体育产业布局政策两个方面。

1. 体育产业组织政策

（1）体育产业组织政策的含义。

体育产业组织政策又被称为体育产业公共政策，主要是指由政府制定的，用于干预体育市场、调节企业之间的关系、获得理想的市场效益的公共政策。

（2）体育产业组织政策的目标。

体育产业组织政策的目标主要包括四个方面的内容：第一，优化资源配置，通过体育产业组织政策，政府能够对体育市场进行有效的控制，进而提高体育产业资源的使用效率。第二，实现规模经济，实施体育产业组织政策有助于激励体育产业内部企业间的联合，扩大规模，从而提高规模经济水平。第三，促进技术进步，体育产业组织政策的实施在很大程度上能够使体育产业组织的形态和结构得到优化，从而提高企业的技术创新能力。第四，维护市场秩序，实施体育产业政策能够有效地规范企业的市场行为，在一定程度上能够避免企业间的不正当竞争，从而维护市场秩序。

（3）体育产业组织政策的内容。

体育产业组织政策主要包括三个方面的内容，分别是体育产业市场行为政策、体育产业市场结构政策、体育产业政府规制。其中，体育产业市场行为政策包括反垄断与“反垄断豁免”政策和反不正当竞争政策；体育产业市场结构政策包括兼并与合并政策和中小企业政策；体育产业政府规制主要是指政府机构按照一定的法规对体育企业所采取的相应的行政管理行为。

2. 体育产业布局政策

（1）体育产业布局政策的含义。

体育产业布局政策主要是指由政府相关部门根据体育产业的综合条件

制定的引导体育产业合理分布的公共政策。

(2)体育产业布局政策的目标。

体育产业布局政策的目标主要包括两个方面的内容:第一,形成区域比较优势,体育产业布局政策与区域体育产业的发展有着密切的关系,通过实施差别性的体育产业布局政策,能够使重点发展区域的投资环境形成一定的比较优势,进而推动体育产业的发展。第二,优化体育产业布局,通过实施体育产业布局政策,优先发展资源丰富、设施条件较好的地区的体育产业,然后带动其他地区以及整个国家体育产业的发展。

(3)体育产业布局政策的内容。

体育产业布局政策的内容主要表现在三个方面,分别是制定国家体育产业布局战略、国家以间接的方式介入体育产业的发展、实施具有差别性的体育产业政策。

第二节　现代体育经济基本内容与概念研究

一、现代体育经济的形成和发展

(一)现代体育经济的形成与发展过程

现代体育经济作为国民经济的重要组成部分,是随着社会经济、体育全球化的发展逐步形成,并随着人们生活水平的提高、体育需求的增加而逐步发展起来的朝阳产业。现代体育经济主要经历了兴起、形成和发展三个历史过程。

1. 现代体育经济的兴起

现代体育经济是产业革命对人类社会产生影响的结果,是现代体育发展到一定程度的产物。社会经济的发展、人们生活水平以及可支配收入的提高,为现代体育的发展奠定了良好的物质基础。而城市化进程的加快,推动了体育产业的发展,为体育经济的兴起提供了一个良好的平台。具体来说,城市化进程的加快,在给人们的生活带来便利的同时,也给人们带来了诸多的问题,如生活节奏快、生活压力大、身心易疲劳等。这些问题的产生使人们意识到休闲娱乐、康体健身的重要性,而体育活动所具有的放松身心、锻炼身体等功能刚好满足了人们的需求,于是人们纷纷开始参与各种类型的体育活动,能够满足人们日益增长的多样化体育需求、为人们提供各种体育产品与服务的体育产业应运而生。体育产业作为第三产业的一部分,在满足人们体育需求的同时,也为社会创造了巨大的经济效益,以此兴起的现代体育经济更是成为国民经济的重要组成部分。

2. 现代体育经济的形成

现代体育经济的形成主要是指体育活动向商品化发展的过程。

从体育经济的发展历程来看,现代体育经济的形成发端于18世纪的产业革命,到19世纪30年代末基本完成。产业革命后,机器大工业代替了工场手工业,社会化大生产有力地推动了社会生产力的发展,这不仅促进了资本主义的商品生产与交换,还为现代体育经济的形成奠定了坚实的物质基础。

从地缘上来看,现代体育经济发源于英国。英国人不仅极力倡导户外体育运动,而且积极创建各种体育俱乐部,如足球、橄榄球、高尔夫球等,这些尝试在一定程度上都为现代体育经济的形成创造了有利的客观环境。而随着英国殖民主义的扩张,他们有关体育运动的积极尝试也逐渐在其他国家传播开来,这在一定程度上又推动了全球体育经济的形成。

3. 现代体育经济的发展

虽然现代体育经济形成于19世纪30年代,但其真正发展起来是在20世纪60年代之后。尤其是进入21世纪后,体育产业迅速发展,成为推动国民经济发展的重要力量。

从我国体育产业的发展速度来看,以2011年至2016年为例,体育产业值呈现快速发展的趋势。具体如图2-2所示。

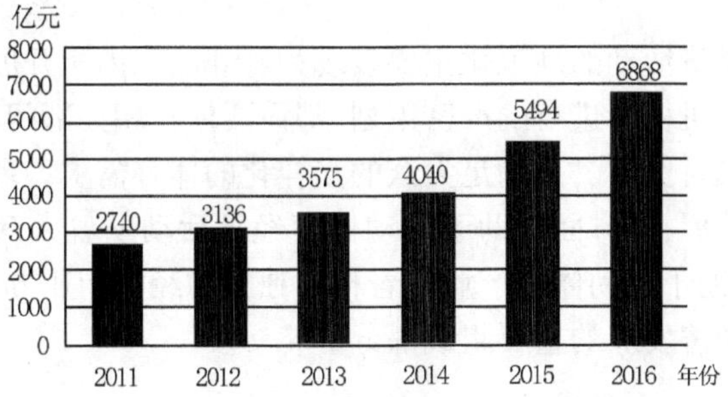

图2-2 2011—2016年我国体育产业增加值

从世界体育产业的地位来看,体育产业在国民经济中的作用越来越重要,一方面它能够直接创汇,并吸收大量的劳动力;另一方面它能够带动相关产业的发展、推动国家的对外开放和经济发展。

综上所述,随着体育产业在世界经济及各国经济中所扮演的角色越来越重要,现代体育经济已然成为高增值、高效益的新兴产业。因此,越来越多的国家开始大力扶持和发展体育产业,把推动现代体育经济的增长作为推动国民经济发展的着力点。

(二)现代体育经济的发展特点

1. 大众体育的崛起推动了现代体育经济的发展

社会生产力的发展、可支配收入的增加,使人们不仅具备了体育消费的能力,而且具备了参与体育运动的时间,这些都有力地推动了大众体育的普及与发展。而随着大众体育的发展,人们对体育的需求也有大幅的提高,这在一定程度上促进了体育资源的开发和体育设施的建设,又为现代体育经济的发展提供了有力的支持。

2. 现代体育经济活动向全球化方向发展

随着经济全球化的发展以及体育全球化的逐步深入,现代体育已经打破了时空的局限,发展成为一种全球性的活动。人们可以借助现代化的设备,随时随地观看世界各地举办的体育赛事,更好地满足自身对体育的需求。同时,现代体育在全球化发展的过程中,也加强了国与国、企业与企业之间的交流与合作,有力地推动了体育产业的全球化发展,为现代体育经济的发展创造了良好的国际环境。

3. 现代体育经济活动的规范化

现代体育经济活动的规范化主要表现为:国际、国内所开展的体育赛事基本上都有相关机构所进行的严密策划,都需要依托相关部门、按照预定计划、以商业化的运行模式,来满足大众的多样化的体育需求。现代体育经济活动的规范化发展,一方面有助于推动体育经济活动朝着大众化的方向发展,另一方面有助于推动体育产业朝着相对独立的经济产业方向发展,从而成为推动国民经济发展的重要组成部分。

4. 现代体育经济的可持续性发展

进入 21 世纪以来,整个世界的体育经济都呈现出良好的发展势头,而随着现代体育经济的高速发展,其在国民经济中的地位越来越重要。因此,为了维持体育经济良好的发展势头,世界各国都在积极推动体育经济朝着可持续发展的方向迈进。此外,随着大众体育的发展,人们的健康意识逐步增强,更加重视参与体育锻炼,这在一定程度上使现代体育经济活动成为与人们生命活动息息相关的一部分,进而促使体育经济朝着可持续性的方向发展。

二、现代体育经济的地位和作用

(一)体育经济在国民经济中的地位

作为国民经济中的一个重要的经济性产业,体育经济的地位高低,主要取决于三个方面的因素:体育产业的性质、体育产业的发展规模以及体育产业的发展状况。

1. 体育产业的性质

就体育产业的性质而言,体育产业属于服务行业,负责提供相应的体育产品与体育服务,不仅能够满足人们多样化的体育需求,而且是构成社会总产品的实现的重要环节。体育产业在创造、分配体育产品与体育服务的过程中,创造了巨大的经济效益和社会效益,进而在国民经济中占据重要的地位。

2. 体育产业的发展规模

从体育产业的发展规模来看,随着社会经济的发展,人们的可支配收入有了显著的提高,用于精神需求的开支也明显增加,这在一定程度上推动了能够给人们带来精神需求的体育产业的发展。随着体育产业规模的不断扩大,体育经济在国民经济中的地位也逐渐提高。

3. 体育产业的发展状况

就体育产业的发展状况而言,体育产业作为一种“朝阳产业”,呈现出了良好的发展势头。从现代体育经济发展的实证分析,经济发达的国家,体育经济也比较发达,而体育经济越发达,体育产业在国民经济中的地位就越高。

(二)体育经济在国民经济中的作用

体育经济在国民经济中的作用主要体现在以下三个方面:第一,大力发展体育经济,一方面能够激发人们参与体育运动的热情、推动相关体育活动的开展,从而扩大对人们对体育产品与体育服务的需求,加速货币的回笼;另一方面,在一定程度上有助于减少人们持币代购所造成的市场压力,促进市场的稳定发展。第二,体育产业属于服务产业,大力发展体育经济能够为人们提供大量的就业机会,从而有助于推动国民经济的稳定发展。第三,体育产业虽然是一种相对独立的产业,但其在发展的过程中仍会与其他行业产生一定的联系,通过直接或间接的作用带动其他相关产业的发展,进而推动整个国民经济的发展。

三、现代体育经济学的研究对象、范围及方法

(一)现代体育经济学的研究对象

现代体育经济学的研究对象主要包括三个方面的内容:现代体育经济的形成过程及规律、现代体育经济运行的机制与实现条件、现代体育经济与社会经济的关系。

1. 现代体育经济的形成过程及规律

作为国民经济最重要的组成部分,现代体育经济是随着现代体育活动的发展而逐步形成的。现代体育本身不属于商品的范畴,其成为商品是人类社会发展到一定程度的产物,是商品生产和交换的必然结果。所以,现代体育经济学的首要研究对象是其形成的过程以及在商品化过程中的客观规律。

2. 现代体育经济运行的机制与实现条件

作为国民经济的一部分,现代体育经济运行过程中的主要矛盾即需求与供给之间的矛盾。所以,现代体育经济学要从分析体育需求与供给的矛盾入手,揭示体育经济运行的内在机制与实现条件,从而为其自身的可持续发展提供科学的理论指导。

3. 现代体育经济与社会经济的关系

现代体育经济与社会整体经济有着密切的关系,现代体育经济的形成与发展以社会整体经济为基础,同时其发展又能够为社会整体经济的发展提供有力的支撑。所以,现代体育经济学要研究体育经济与社会经济的相互关系,从整个社会的角度出发,为现代体育经济的可持续发展创造一个良

好的环境。

（二）现代体育经济学的研究范围

现代体育经济学的研究目的是通过对体育经济活动过程中的各种经济现象与规律的研究，探索推动体育经济发展的最佳途径。现代体育经济学的研究主要涉及以下几个方面。

1. 体育产品的开发与供求关系

体育经济活动的顺利进行是以体育产品的供给与需求为基础的，而体育产品又具有与其他产品明显不同的属性。因此，需要对体育产品的内涵、构成等进行研究，并根据体育市场的供求关系制定相应的开发策略，实现体育产品的供求平衡。

2. 体育市场的开发策略

体育经济活动的进行以体育产品为基础，而体育产品的供给与销售又以体育市场为基础。因此，需要对体育市场进行研究，并采取科学合理的开发策略，为体育经济的发展提供有利的市场环境。

3. 体育消费

体育消费是现代体育经济活动的重要组成部分，生产出来的体育产品只有被消费了，才能实现它的价值，才能为体育产业的发展提供动力，进而推动体育经济的发展。因此，要对体育消费进行研究，研究消费者的消费倾向、行为、结构等，争取最大限度地满足消费者的体育需求。

4. 体育成本及收益

获得最大的经济效益是体育经济活动的主要目标，所以，要对体育成本及收益进行研究。通过对现代体育的经营成本、投资等进行分析，寻求最佳的效益指标体系，为现代体育经济效益的实现提供有力的支撑。

5. 体育的经济结构

研究现代体育经济，不仅包括对现代体育经济活动中的经济现象、运行机制等的研究，还包括对体育经济活动中的各种经济关系的研究。对现代体育经济整体结构（如产品结构、产业结构等）进行研究，有助于为体育经济结构的合理化发展提供有益的指导。

6. 体育经济的政策研究

现代体育经济活动的顺利进行离不开相关政策的支持，对现代体育经济的相关政策进行研究，有助于为现代体育经济的科学化、合理化发展提供有益的方向性指导。

（三）现代体育经济学的研究方法

现代体育经济学的研究方法主要包括四个方面的内容：历史分析与逻辑分析相结合、比较分析法、微观分析与宏观分析相结合、定性分析与定量分析相结合。

1. 历史分析与逻辑分析相结合

运用历史分析与逻辑分析相结合的方法能够有效地揭示现代体育经济运行的内在规律与发展变化的过程，从而使我们对现代体育经济活动中的经济现象和体育现象有一个更加明晰的认识。

2. 比较分析法

相较于西方发达国家的现代体育经济，我国的现代体育经济还存在诸多的问题。运用比较分析法，有助于我们借鉴西方发达国家的发展经验，有效避免重复它们在发展过程中的失误。此外，运用比较分析法能够使我们对我国现代体育经济的特点有一个更加深入的认识，有助于我们找到一条适合我国现代体育经济发展的道路。

3. 微观分析与宏观分析相结合

运用微观分析的方法对体育经济活动过程中的各要素进行研究，有助于我们深入了解现代体育经济的特点，进而作出科学、合理的决策；而宏观分析法的运用，则有助于我们把握体育产业的运行规律。将微观分析法与宏观分析法结合起来，不仅能够使我们认识到体育产业在体育经济活动中的发展变化，而且有助于我们准确把握体育产业的运行规律。

4. 定性分析与定量分析相结合

在现代体育经济学的研究过程中，定性分析法的运用有助于我们对体育产业、体育经济的本质和属性有一个清晰的认识，并为定量分析法的运用提供有益的指导；定量分析法的运用则有助于揭示体育经济活动中的经济现象和体育现象，并为定性分析法的运用提供科学的依据。

第三章　现代体育经济理论基础

现代体育经济学的多维度发展探析需要体育学知识、经济学知识、产业经济学知识等多方面的理论知识，其中，经济学知识、产业经济学知识是现代体育经济学研究的理论基础。本章从经济学理论和产业经济学理论两方面出发，对现代体育经济的理论基础进行阐述与分析。经济学理论基础包括微观和宏观两个部分，微观部分主要分析了需求、供给与均衡价格，弹性理论，企业和生产理论，消费者与生产者行为；宏观部分主要分析了国民收入决定理论、失业与通货膨胀、经济增长和宏观经济政策。产业经济学理论基础包括五个部分，分别是产业经济学概述、产业生命周期理论、SCP 分析框架、产业组织理论主体内容和产业组织基本形态。

第一节　经济学理论

一、微观部分

（一）需求、供给与均衡价格

关于需求和供给，19 世纪著名历史学家和作家卡莱尔曾夸张地说："只要教鹦鹉学会说供给和需求，就能把它培养成一个经济学家。"[①]这种说法虽然言过其实，但也在一定程度上说明了需求和供给在经济学中的重要性。

1. 需求

所谓需求，指的是消费者在一定时期内的各种价格水平下愿意且能够购

---

① 靳英华. 体育经济学[M]. 北京：高等教育出版社，2011：20.

买的某种商品的数量。一种商品想要形成市场需求，至少要具备消费者有购买欲望和购买能力两个条件，并且这两个条件要同时具备，缺一不可。以下对商品的需求表、需求曲线、需求定理和需求函数进行具体分析。

（1）需求表。

以利用闲暇时间进行体育运动的某位体育爱好者为例，其在不同价格水平下对某种体育用品的需求量可用表 3-1 表示。

表 3-1　某种体育用品的需求

价格—需求量组合	价格（美元）	需求量（单位数）
A	0	110
B	1	100
C	2	90
D	3	80
E	4	70
F	5	60
G	6	50
H	7	40
I	8	30
J	9	20
K	10	10
L	11	0

（2）需求曲线。

根据表 3-1 提供的价格—需求量组合的数据，以需求量为横轴（ OQ ），以价格为纵轴（ OP ），在平面坐标轴绘制 A～L 各点，顺次连接，可以得到该体育用品的需求曲线 $Q^d = f(P)$ ，如图 3-1 所示。

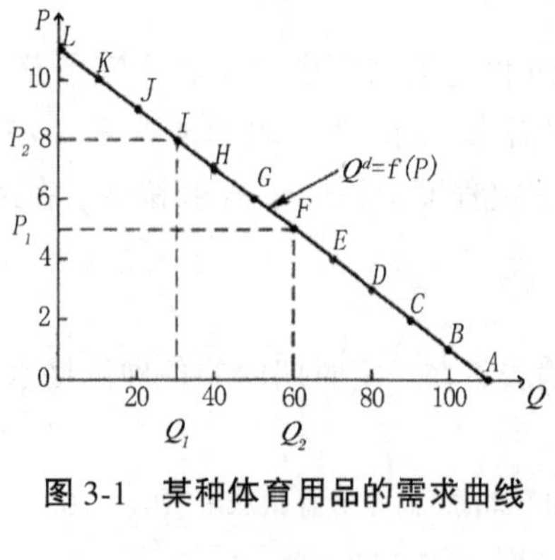

图 3-1　某种体育用品的需求曲线

(3)需求定理。

从图 3-1 可以看出,需求曲线是一个斜率为负的线,也就是说,体育用品的价格和需求量之间是反方向变动的关系。具体而言,如果保持其他条件不变,那么体育商品的需求量会随价格的下降而增加,并随价格的上升而减少,这就是经济学中所说的需求定理。需求定理适用于经济活动中的大部分商品,但不一定适用于炫耀性消费品、股票、黄金等特殊商品。

(4)需求函数。

需求定理能够用来证明价格对需求的影响作用,但除价格之外,还有其他很多经济或非经济因素,如消费者的收入水平、偏好、价格预期,相关商品的价格,人口的数量及其构成,社会制度和风俗习惯等,都会对需求产生影响。如果用 Q^d 表示需求,用 $a,b,c,d,\cdots,n$ 表示影响需求的因素,则可以将影响需求的因素和需求量之间的关系用函数表示出来,即需求函数:

$$Q^d = f(a,b,c,d,\cdots,n)$$

2. 供给

所谓供给,指的是生产者在一定时期内的各种可能价格水平下愿意且能够提供出售的某种商品的数量。供给至少要具备生产者有出售商品的愿望和生产者有供给能力两个条件,并且这两个条件要同时具备,缺一不可。以下对商品的供给表、供给曲线、供给定理和供给函数进行具体分析。

(1)供给表。

以某种体育产品的生产者为例,其在不同价格水平下对某种体育用品的供给量可用表 3-2 表示。

表 3-2　某种体育用品的供给

价格—需求量组合	价格(美元)	供给量(单位数)
A	0	0
B	1	10
C	2	20
D	3	30
E	4	40
F	5	50
G	6	60
H	7	70

续表

价格—需求量组合	价格(美元)	供给量(单位数)
I	8	80
J	9	90
K	10	100
L	11	110

(2)供给曲线。

根据表 3-2 提供的价格—需求量组合的数据,以供给量为横轴(OQ),以价格为纵轴(OP),在平面坐标轴绘制 A ~ L 各点,顺次连接,可以得到该体育用品的供给曲线 $Q^s=f(P)$,如图 3-2 所示。

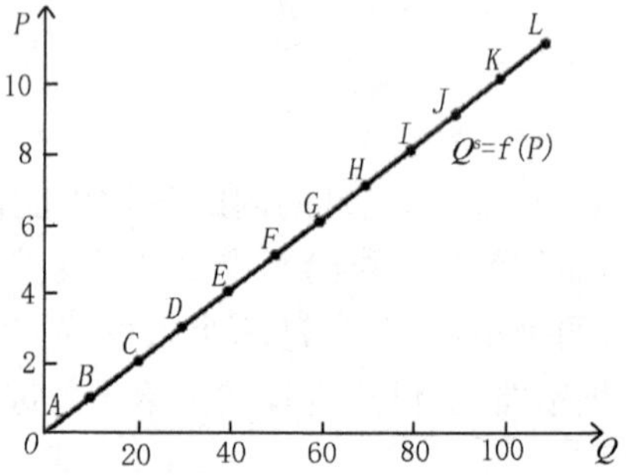

图 3-2　某种体育用品的供给曲线

(3)供给定理。

由图 3-2 可知,供给曲线是一个斜率为正的线,也就是说,体育用品的价格和供给量之间是同方向变动的关系。具体而言,如果保持其他条件不变,那么体育商品的供给量会随价格的下降而下降,并随价格的上升而增加,这就是经济学中所说的供给定理。供给定理适用于经济活动中的大部分商品,但不一定适用于劳动力等特殊商品。

(4)供给函数。

供给定理说明了价格对供给的影响,但除价格之外,还有其他很多因素,如生产成本、生产技术水平、生产者对未来的预期、政府政策、相关商品的价格等,都会对供给产生影响。如果用 Q^s 表示供给,用 $a,b,c,d,\cdots,n$ 表示影响供给的因素,则可以将影响供给的因素和供给量之间的关系用函数表示出来,即供给函数:

$$Q^s=f(a,b,c,d,\cdots,n)$$

3. 均衡价格

所谓均衡价格，指的是某种商品的需求价格和供给价格相同时的市场价格，其形成主要借助市场供求关系的自发调节。将需求曲线和供给曲线拟合在一起制成几何图形，可以用来说明均衡价格的决定，如图 3-3 所示。

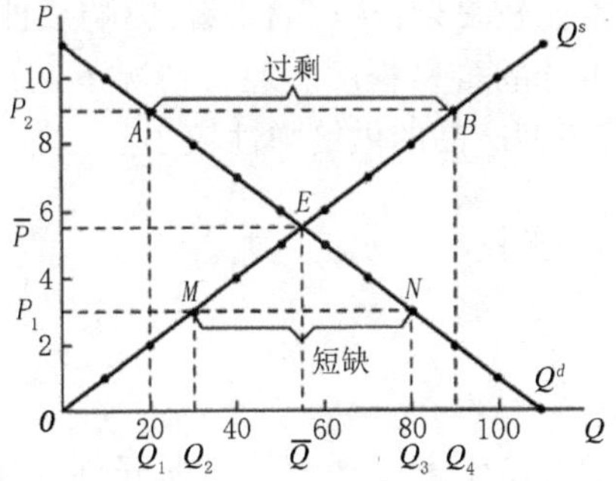

图 3-3　均衡价格的决定

在图 3-3 中，需求曲线（Q^d）和供给曲线（Q^s）相交于 E 点，E 点处的供给和需求相等，决定了均衡价格为 $O\overline{P}$，均衡数量为 $O\overline{Q}$。由于供给和需求之间存在相互作用，所以市场价格一旦出现和均衡价格相背离的现象，就会开始自动恢复均衡趋势，避免过剩和短缺情况的出现。

（二）弹性理论

在经济学中，弹性理论主要用来说明价格、收入及其他商品的变动比率和需求量（或供给量）比率之间的关系，涉及需求弹性和供给弹性两个方面，以下对其进行具体分析。

1. 需求弹性

所谓需求弹性，指的是某种商品的需求量随一定条件的变化而变化的程度，主要包括三个方面，即价格弹性、收入弹性和交叉弹性。其中，需求的价格弹性指的是某种商品需求量对该商品本身价格变化的反应程度，可分为富有弹性、缺乏弹性、单位弹性、完全有弹性和完全无弹性五种，现实中大部分商品的需求弹性都属于富有弹性或缺乏弹性；需求的收入弹性指的是某种商品需求量对收入水平变化的反应程度；需求的交叉弹性指的是某种商品需求量对另一种商品价格变化的反应程度。

2. 供给弹性

所谓供给弹性，通常是供给的价格弹性，指的是一定时期内某种商品供给量随商品价格变化而变化的程度。和需求的价格弹性相同，现实中大部分商品的供给弹性都属于富有弹性或缺乏弹性。从长期来看，影响某种商品供给弹性大小的因素比较复杂；从短期来看，影响某种商品供给弹性大小的因素主要是该商品生产的难易程度。通常情况下，劳动密集型产品的供给弹性较大，而资本密集型产品的供给弹性较小。

（三）企业和生产理论

1. 企业理论

企业理论是由美国经济学家罗纳德·科斯开创的研究企业本质、边界和内部激励制度的理论。科斯认为，企业是为了节约市场交易费用或交易成本而产生的，是市场机制或价格机制的替代物。持有该观点的学者主要有 Oliver Williamson、Klein、Oliver Hart、Bengt Holmstrom、Jean Tirole 等。除科斯的企业理论之外，企业理论还包括完全契约框架下的企业理论、交易费用经济学的企业理论、新产权学派的企业理论、劳动管理型企业理论以及企业的能力理论、企业间网络理论等。

2. 生产函数

企业是生产经营性组织，而生产指的是一切能够创造或增加效用的人类活动，这一活动的进行离不开生产要素，即投入生产的劳动、资本、土地、企业家才能等经济资源。产品产出量和投入的要素量之间的关系，就是生产函数。用 Q 表示产品产出量，用 L、K、N、E 分别表示劳动、资本、土地、企业家才能，可得出生产函数：

$$Q = f(L, K, N, E)$$

生产函数有短期和长期之分，短期生产函数指的是时间长度过短，企业来不及调整生产规模，难以达到调整产量的目的；长期生产函数指的是时间长度够长，企业来得及调整生产规模，进而调整产量。

3. 规模报酬

规模报酬探讨的是投出与产出之间的数量关系，具体指的是在其他条件不变的情况下，企业内部各种生产要素同时增加或减少相同比例时，生产规模变动所引起的产量变化。由于企业的各种生产要素全部变动需要一定的时间，而生产要素变动后才会进一步影响生产规模的变动，所以规模报酬实际上分析的是一种长期的生产理论问题。

企业的规模报酬主要包括三种情况，即规模报酬递增、规模报酬不变和规模报酬递减。规模报酬递增指的是在数量变化比例上，产出大于投入，其形成的主要原因是生产专业化程度的提高、生产要素的不可分性质和管理的合理化；规模报酬不变指的是在数量变化比例上，产出等于投入，其形成的主要原因是规模报酬递增的因素已经被吸收殆尽，而某种生产组合的调整又被技术条件所制约；规模报酬递减指的是在数量变化比例上，产出小于投入，其形成的主要原因是生产规模过大，内部机制难以协调，降低了管理效率。

（四）消费者与生产者行为

1. 消费者行为

消费者行为理论是研究消费者如何用自己的既定收入实现效用最大化的理论，又被称为效用理论。以下对效用理论的相关概念和理论进行具体分析。

（1）效用、总效用和边际效用。

所谓效用，指的是消费者通过商品消费获得的满足程度。一种商品效用的获得，需要具备两个条件：一是消费者要有消费这种商品的主观欲望；二是这种商品要能够满足消费者的欲望。

所谓总效用，指的是消费者通过消费一定量的某种商品所获得的总满足程度。

所谓边际效用，指的是消费某种商品的一定数量中最后增加或减少的那一单位商品所获得的满足程度。

对于总效用和边际效用，我们可以假设消费的商品为某种体育用品，消费单位为“个”，得出表 3-3，进行进一步分析。

表 3-3　某种体育用品的效用表

消费量	总效用	边际效用
0	0	—
1	10	10
2	18	8
3	24	6
4	28	4

续表

消费量	总效用	边际效用
5	30	2
6	30	0
7	28	-2

根据表 3-3 中数据，可以绘制出这种体育用品的总效用曲线（ *TU* ）与边际效用曲线（ *MU* ），如图 3-4 所示。

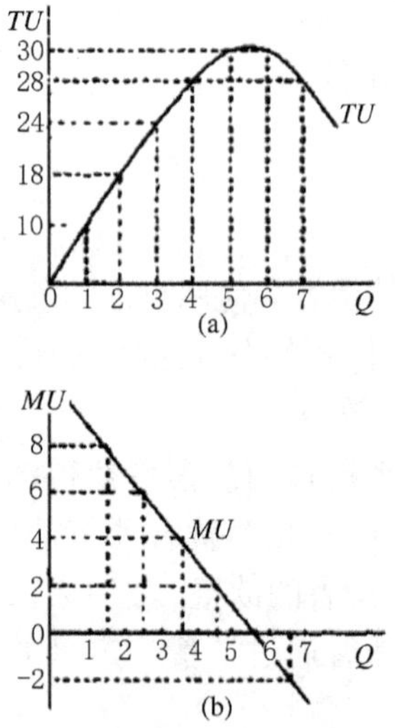

图 3-4　某种体育用品的总效用曲线（ *TU* ）与边际效用曲线（ *MU* ）

由图 3-4 可知，（a）中的横轴代表商品的消费量，纵轴代表总效用，总效用曲线（ *TU* ）呈先升后降趋势，当（b）中的边际效用为正值时，总效用曲线（ *TU* ）呈上升趋势；当（b）中的边际效用为零时，总效用曲线（ *TU* ）达到最高点；当（b）中的边际效用为负值时，总效用曲线（ *TU* ）呈下降趋势。

（b）中的横轴代表商品的消费量，纵轴代表边际效用，边际效用曲线（ *MU* ）呈递减趋势，表明随着消费商品数量的增加，消费者从消费该商品的单位增量中所获的满足程度的增量也在不断减少。

综上所述，人们从消费中获得的总效用会随消费商品数量的增加而不断增加，达到最大值时开始逐渐减少，而在总效用增加的同时，其增量仍然在逐渐减少，因而边际效用一直呈下降趋势，并在总效用增加到最大值之后变为负数，使消费者的满足程度不断降低，甚至产生痛苦的感觉，这就是经济学中所说的边际效用递减规律。

(2)无差异曲线。

无差异曲线是用来表示能给消费者带来同等效用的各种商品不同组合的曲线,又被称为等效用曲线。以 X 商品和 Y 商品为例,假设这两种商品之间有 A~F 共六种组合方式,这六种组合方式能够给消费者带来相同的满足程度,由此可绘制出某消费者的无差异表,如表 3-4 所示。

表 3-4　某消费者的无差异表

商品组合	X 商品	Y 商品
A	20	130
B	30	70
C	4	45
D	50	35
E	60	30
F	70	27

根据以上无差异表中的数据,可以绘制出消费者的无差异曲线,如图 3-5 所示。

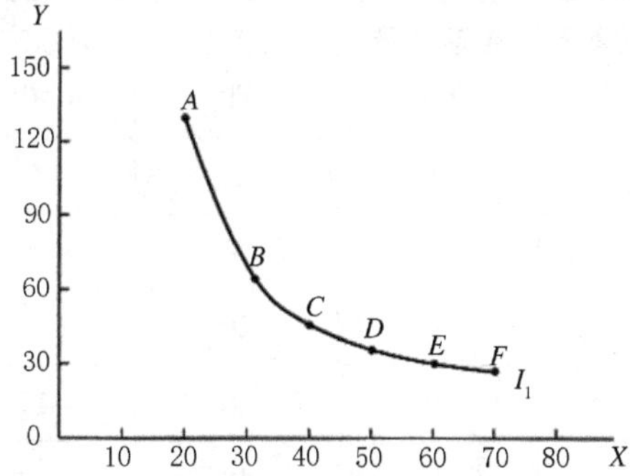

图 3-5　某消费者的无差异曲线

图中的横轴和纵轴分别代表 X 商品的数量和 Y 商品的数量,将 A~F 顺次连接,就形成了无差异曲线(I_1),这条线上的所有点的 X 商品与 Y 商品的组合带给消费者的满足程度都是相同的。

消费者的无差异曲线具有以下几点特征:①斜率为负值;②同一平面图上可由无数条无差异曲线同时存在;③同一平面图上的无差异曲线不能相交。

2. 生产者行为

生产者指的是个人企业、合伙企业、公司等可以做出统一生产决策的经济单位。生产理论假定生产者行为是为了实现利润最大化,即注重生产要素的合理投入,控制成本,提高收益。

生产要素合理投入问题的研究需要以边际收益递减规律为依据。所谓边际收益递减规律,又被称为边际产量递减规律,指的是在短期生产过程中,在生产技术水平和其他生产要素投入量不变的前提下,连续增加某种生产要素的投入量到一定程度后,增加一单位要素所获得的产量增加量是递减的。

产量的变动涉及总产量、平均产量和边际产量等概念,其中,总产量指的是既定的生产要素投入量所产生的全部产量;平均产量指的是每单位生产要素投入所产生的产量;边际产量指的是每增加一单位生产要素所增加的产量。假定生产某种产品所使用的生产要素只有固定的资本和可变的劳动两项,就可以根据总产量、平均产量、边际产量之间的关系,绘制出总产量、平均产量、边际产量表,如表 3-5 所示。

表 3-5　总产量、平均产量、边际产量表

资本量（K）	劳动量（L）	劳动增量（△L）	总产量（TP）	边际产量（MP）	平均产量（AP）
10	0	0	0	0	0
10	1	1	8	8	8
10	2	1	20	12	10
10	3	1	36	16	12
10	4	1	48	12	12
10	5	1	55	7	11
10	6	1	60	5	10
10	7	1	60	0	8.6
10	8	1	56	-4	7

根据表中数据,可进一步绘制出总产量、平均产量、边际产量曲线,如图 3-6 所示。

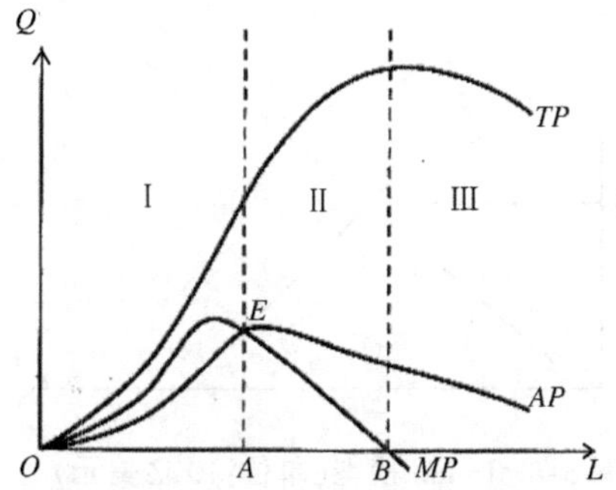

图 3-6　总产量、平均产量、边际产量曲线

图中的横轴表示劳动量,纵轴表示产量, *TP*、*AP*、*MP* 分别为总产量曲线、平均产量曲线和边际产量曲线。随着劳动量(Q)的增加,三条曲线递增到一定程度后,各自开始递减,其中边际产量曲线(*MP*)和平均产量曲线(*AP*)在平均产量最高点相交,相交前边际产量大于平均产量,相交后边际产量小于平均产量,而总产量则在边际产量为零时达到最大值。

根据总产量、平均产量、边际产量曲线,可以确定劳动生产要素的合理投入。例如,在图中的Ⅰ阶段,平均产量呈上升趋势,边际产量也大于平均产量,可以增加劳动量;而在Ⅲ阶段,边际产量已是负值,总产量也在逐渐减少,这时应停止生产要素的投入。

二、宏观部分

(一)国民收入决定理论

国民收入决定理论是宏观经济学的核心理论,涉及短期决定和长期决定两个方面,研究成果主要有简单的国民收入决定模型、IS-LM 模型和总供给—总需求模型。这里重点对 IS-LM 模型和总供给—总需求模型进行具体分析。

1. IS-LM 模型

IS-LM 模型即“汉森—希克斯模型”,是用来说明在产品市场和货币市场同时均衡时利率与国民收入之间关系的模型,如图 3-7 所示。

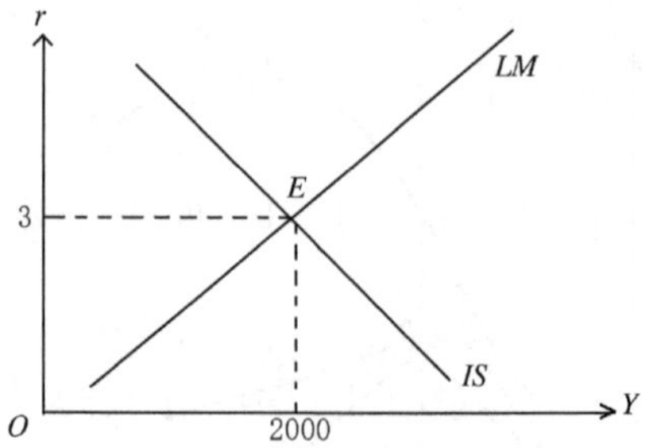

图 3-7 IS-LM 模型(单位:10 亿美元)

IS-LM 模型是将表示产品市场均衡的 *IS* 曲线和表示货币市场均衡的 *LM* 曲线放在一个坐标平面上得到的模型,图中的横轴表示国民收入,纵轴表示利率,*IS* 曲线和 *LM* 曲线相较于 *E* 点,表示产品市场和货币市场同时均衡,此时国民收入为 2000,利率为 3。唯有在 E 点,现有货币数量才能决定相应的利率,决定投资量,形成均衡的国民收入,任何偏离 E 点的利率和国民收入的对应点,都不能实现产品市场和货币市场的同时均衡。

2. 总供给—总需求模型

总供给—总需求模型指的是将表示总产出量与一般价格水平之间关系的总供给曲线(*AS*)和表示物价总水平与经济社会的均衡总支出或均衡总收入之间关系的总需求曲线(*AD*)放在一个坐标平面上得到的模型,如图 3-8 所示。

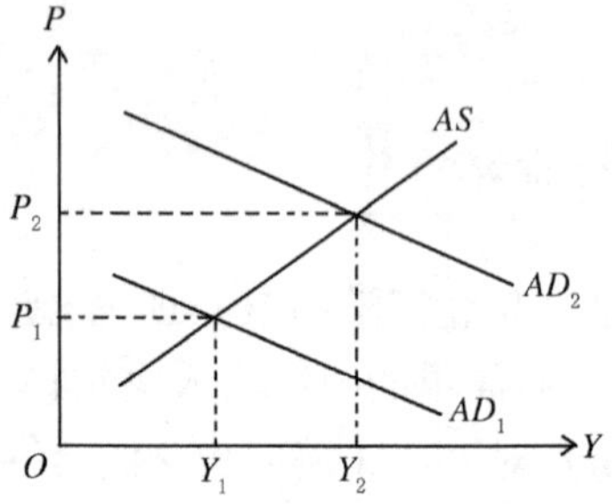

图 3-8 总供给—总需求模型

图 3-8 中的横轴表示国民收入,纵轴表示价格水平,*AS* 表示总供给曲线,*AD* 表示总需求曲线。如果 *AS* 曲线为向右上方平缓倾斜的线,那么政府采取扩张性财政或货币政策,*AD* 曲线由 AD_1向 AD_2移动,会引起价格水平的平缓上升和国民收入的较大增长,价格水平从 P_1上升到 P_2,产量从 Y_1增加至 Y_2;如果 AS 曲线为水平线,那么扩张性财政或货币政策就会在价格不变的条件下促进国民收入的均衡增长。

在总供给—总需求模型中，*AS* 曲线为向右上方平缓倾斜的线或水平线，说明总需求水平对国民收入的增长有决定作用，所以，*AD* 曲线由 AD_1 向 AD_2 移动尽管会在一定程度上提高价格，但却会在很大程度上刺激国民收入的增长。

（二）失业与通货膨胀

1. 失业

所谓失业，指的是有劳动能力和工作意愿的人找不到工作的社会现象。一切没有工作过、正在变换工作岗位或没能按当时通行工资率找到工作的人，都属于失业者。失业者和就业者共同构成了劳动力，失业者在劳动力中的占比就是失业率。

根据失业原因的不同，可将失业分为摩擦性失业、季节性失业、周期性失业、技术性失业、结构性失业和自愿失业，具体的失业分类及失业原因分析如表 3-6 所示。

表 3-6　失业分类及失业原因分析

分类	原因分析
摩擦性失业	劳动力市场运行机制不完善或经济变动过程中的工作转换会造成失业
季节性失业	某些具有季节性的行业，在需求淡季会出现"正常"失业现象
周期性失业	在经济衰退和萧条阶段，会出现需求下降，造成失业的现象
技术性失业	技术进步或机器的使用代替了劳动力，造成工人失业
结构性失业	经济结构变化，产业兴衰转移，导致失业
自愿失业	工人预期工资超过边际生产率或不愿接受工作条件，造成失业

失业不仅会给个人带来损失，还会给社会带来损失。就个人而言，失业一方面会使失业者本人和家庭丧失本可用劳动换取的收入，另一方面也会降低失业者本人和家庭的地位和声望；就社会而言，失业一方面会使社会失去本可以获得的产量，另一方面会因失业津贴的增加而加重社会负担。所以，降低失业率，实现充分就业，是政府宏观经济管理的目标之一，政府要根据不同的失业类型，采取相应的解决措施，解决失业问题。

2. 通货膨胀

所谓通货膨胀，指的是在一定时期内物价水平持续普遍上升或货币价值持续下降的过程。所以，通货膨胀指的是物价总水平的上升，而不是某种商品价格的上升。

根据不同的划分标准，通货膨胀可划分为不同的类型，比较常见的划分方法和具体分类如图 3-9 所示。

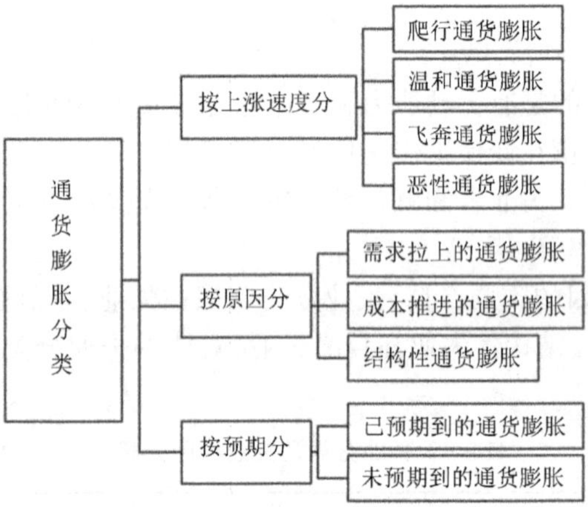

图 3-9　通货膨胀分类

3. 失业与通货膨胀的关系

失业与通货膨胀之间的关系，可以用菲利普斯曲线来表示。菲利普斯曲线原本是用来描述失业率和货币工资增长率之间关系的曲线，但由于工资是成本的组成部分，也是产品价格的组成部分，所以可以用菲利普斯曲线来描述失业率与通货膨胀率之间的关系。需要注意的是，通货膨胀率和货币工资增长率并不是统一的，两者存在一定的差额，这种差额就是劳动生产率的增长率。图 3-10 就是菲利普斯曲线。

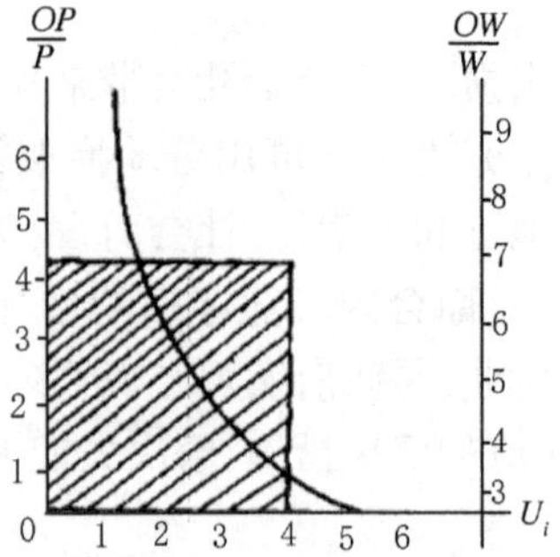

图 3-10　菲利普斯曲线

图 3-10 中的横轴表示失业率,左纵轴表示通货膨胀率,右纵轴表示货币工资增长率,菲利普斯曲线自左上方向右下方倾斜,说明失业率和通货膨胀率之间、失业率和货币工资增长率之间都存在负相关的关系。也就是说,失业率高,通货膨胀率和货币工资增长率越低;失业率越低,则通货膨胀率和货币工资增长率越高。

政府可以通过菲利普斯曲线所反映的失业率与通货膨胀率之间的关系,实施干预,进行总需求管理。例如,假定政府认为社会所能承受最大失业率或通货膨胀率是 4%,那么政府就可以根据图 3-10,将失业率和通货膨胀率控制在阴影区域。

(三)经济增长

所谓经济增长,指的是一个国家或地区为居民提供经济产品的能力的不断增长。

现代经济增长具有以下特征:①根据人口计算的产量、人口、资本增长率较高;②生产率本身增长程度较高;③经济结构变革较快;④社会结构与意识形态变化较多;⑤增长在全球迅速扩大;⑥世界各国经济增长不均衡。

能够对经济增长发生作用且影响增长率变动的因素有七大类,分别是:①就业人数与其年龄、性别构成;②就业人员的受教育年限;③工人的工时数;④资本存量;⑤资源配置;⑥规模的节约;⑦知识的进展。在这七大因素中,①~④属于生产要素的供给增长,⑤~⑦属于生产要素的生产率增长,可归为技术的进步,其中,⑦是最重要的因素。

(四)宏观经济政策

宏观经济政策指的是国家对经济进行宏观调控的政策,包括财政政策和货币政策,以下对其进行具体分析。

1. 财政政策

所谓财政政策,指的是政府运用收入和支出对总需求进行调节,以此实现对国家的失业和通货膨胀的控制,从而使经济实现稳定增长,使国际收支达到平衡状态的宏观经济政策。

政府的收入和支出制度自身具有较大的灵活性,能够有效促进经济的稳定,被称为经济的自动稳定器。例如,税收就是最常见的一种自动稳定器,税率越高,税收的自动稳定作用就越明显。另外,转移支付也是一种自动稳定器,经济萧条时,失业人数增加,领取失业救济金和其他福利费的人数也相应增加，就可以在一定程度上抑制消费需求下降；反之，经济繁荣时，领取失业救济金和其他福利费的人数也相应减少，就能够有效抑制消费增长。

但是，这些收入和支出制度只能在一定程度上缓解经济波动，而不能使经济波动完全消除。所以，消除经济波动不能只依靠政府的收入和支出制度的自动稳定器，还需要政府能够审时度势，积极制定变更收入或支出的财政政策，在分析经济形势的基础上，进行权衡与抉择，适时采用紧缩性财政政策或膨胀性财政政策，抑制或刺激经济增长。

2. 货币政策

所谓货币政策，指的是中央银行为了实现一定的经济目标，通过制定再贴现率政策、公开市场业务、变动法定准备金率等措施，对货币量进行控制，以此调节利率，影响投资和整个经济的宏观政策。

货币政策主要分为扩张性货币政策和紧缩性货币政策两种。扩张性货币政策多用于经济萧条时，其主要通过增加货币供给来降低利率，带动总需求增长；紧缩性货币政策多用于通货膨胀时，其主要通过减少货币供给来提高利率，降低总需求水平。

由于货币政策对投资和国民收入进行调控的手段是变动货币供给量，调节利率，所以，如果货币需求对利率变动反应灵敏，货币政策效果就较小；如果投资对利率变动反应灵敏，货币政策效果就较大。

根据凯恩斯主义者的观点，货币政策和财政政策都是通过调节国民收入稳定物价，实现充分就业，促进经济稳定增长的宏观经济政策，二者之间也存在一定的差异，即财政政策能够对总需求的规模产生直接影响，而货币政策则需要借助利率的变动对总需求产生影响，这种影响是间接的。

3. 财政政策和货币政策的混合

财政政策和货币政策会对国民收入、利率、总需求结构产生不同的影响，所以将两种政策混合在一起使用，往往能取得更好的效果。

财政政策和货币政策的混合有不同的搭配方式，不同组合方式的政策效果和适应环境也不尽相同。扩张性财政政策和紧缩性货币政策的组合会产生“挤出效应”①，能够在刺激需求的同时控制通货膨胀，可用于经济萧条不太严重时；扩张性财政政策和扩张性货币政策的组合能够增加总需求，减少“挤出效应”，促进经济复苏，可用于经济严重萧条时；紧缩性财政政策和

① 《挤出效应》是指政府支出增加所引起的私人消费或投资降低的效果。

扩张性货币政策的组合引起利率下降,投资增加,能够压缩总需求,刺激投资,可用于通货膨胀不太严重时;紧缩性财政政策和紧缩性货币政策的组合会减少总需求,能够压缩总需求,抑制通货膨胀,可用于严重通货膨胀时。

财政政策和货币政策不同搭配方式的选用不仅要考虑经济因素,还要考虑政治、文化等因素。政府在做出决策时,要统筹兼顾,多方考量,不忽略任何一方的利益。

第二节　产业经济学理论

一、产业经济学概述

(一)产业经济学的形成与发展

产业经济学是在人们对产业进行分析和对产业政策进行实践的过程中逐渐形成和发展起来的,是宏观经济分析向微观层次的深入和微观经济分析向宏观层次的延伸,其前后共经历了萌芽、形成和发展三个阶段。

1. 产业经济学的萌芽

在西方,产业经济学又被称为产业组织理论,其萌芽可追溯到著名经济学家马歇尔于 1890 年出版的《经济学原理》一书。马歇尔在该书的《生产要素——土地、劳动、资本和组织》一篇,对产业组织进行了研究,提出了以下观点:①组织能提高效率,增加经济效益;②将专门工业集中在特定区域,可提高效率;③大规模生产和分工可提高效率。

2. 产业经济学的形成

20 世纪 30 年代,伴随着现代制造业的兴起,产业经济学研究逐渐走上系统化道路,取得了丰富的理论成果。例如,20 世纪 30 年代,霍夫曼研究了工业化过程中工业部门的结构演变规律,列昂惕夫创立了产业经济学;20 世纪 40 年代,克拉克在研究经济发展条件时运用了三次产业分类法;20 世纪 50 年代,西蒙·库兹涅茨等对经济增长过程中的产业结构变动进行了研究;等等。此外,对产业经济学进行系统研究的著作也相继涌现,比较有代表性的产业经济学著作及其相关信息如表 3-7 所示。

表 3-7　比较有代表性的产业经济学著作及其相关信息

著作	年份	作者	主要贡献
《现代公司与私有产权》	1932	伯利 米恩斯	对 20 世纪 20 年代到 30 年代美国垄断产业和寡头垄断产业的实际情况进行了分析
《垄断竞争理论》	1933	张伯伦	对寡头垄断进行了理论分析
《大企业的生产价格政策》	1939	梅森	培养了一批产业组织研究人才
《产业组织理论》	1959	贝恩	对“结构—行为—绩效”模式进行了系统阐述，成为此后 20 多年大多数学校的经济学专业教科书

3. 产业经济学的发展

进入 20 世纪 70 年代，产业经济学取得了新的进展。1968 年，斯蒂格勒出版《产业组织》一书，提出了和贝恩的“结构—行为—绩效”模式相反的主张；1988 年，泰勒尔出版《产业组织理论》一书，研究和分析了企业理论、市场理论、企业间关系等产业经济理论问题。

20 世纪 90 年代中期以后，产业经济学研究改变了传统产业经济学把企业作为“黑箱”进行企业之间投入—产出关系研究的思路，开始深入企业内部，将研究重点集中于企业内部组织问题、公共政策和产业政策问题、研究方法问题三方面，从根本上分析了企业行为的特点，诞生了一系列现代企业管理理论，如“管家理论”、委托—代理理论、交易成本理论、公司治理理论等。

此外，随着博弈论和激励理论的引入，产业经济学关于公共政策的传统思想也发生了翻天覆地的变化，市场经济条件下政府的“微观规制”已经成为各级政府工作量大、涉及面广的政策。“微观规制”政策主要包括反垄断政策和规制政策两类，两者的侧重点有所不同，前者侧重保护竞争，防止垄断；后者侧重对企业垄断行为的约束，允许垄断现象的存在。

（二）产业经济学的研究对象和内容

1. 产业经济学的研究对象

产业经济学的研究对象是产业。所谓产业，指的是具有某种同类属性的企业集合，从根本上可归结为产业组织和产业结构两个基本方面，具体包括以下几点：①介于宏观经济学和微观经济学之间的产业；②产业内部各企业间相互作用关系的规律；③各产业之间互动联系的规律。

2. 产业经济学的研究领域

产业经济学的研究领域包括产业组织、产业结构、产业关联、产业布局、产业发展和产业政策六个方面，研究生成的理论中，产业组织理论、产业关联理论、产业结构理论和产业政策理论这四个理论，是产业经济学的主体，其所涉及的领域以及产业经济学与微观经济学、宏观经济学的关系如图 3-11 所示。

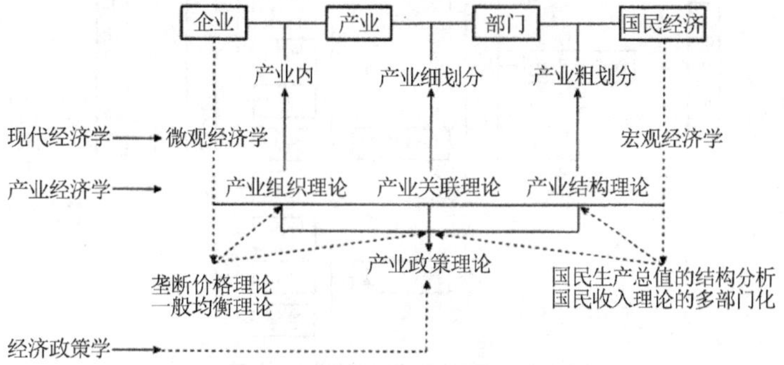

图 3-11　产业经济学的研究领域

注：①实线箭头：产业经济学各领域的主要研究对象；②虚线箭头：其他经济学科对产业经济学理论的影响

3. 产业经济学的学科体系

随着产业经济学综合性研究的兴起，产业经济学的学科体系开始逐渐构建起来。我国的产业经济学学科体系研究尚未统一，不同学者从不同的逻辑出发，构建了不同的学科体系。比较有代表性的有以下三种：

一是根据从宏观到微观的逻辑顺序建构起来的产业经济学学科体系，即先从宏观层次的产业结构和产业关联讲起，再进入微观层次，对产业组织问题进行深入分析。《产业经济学导论》（杨治）、《产业经济学》（毛根林）、《产业经济学教程》（杨公仆、夏大慰）等作品的学科体系，均是按照这一逻辑顺序构建的。

二是根据从理论到应用的逻辑顺序构建起来的产业经济学学科体系，代表作品是《产业经济学》（李悦）。该书包括五篇内容，分别是增长理论、产业结构、产业组织、增长方式和运行机制，前三篇偏向于理论，后两篇偏向于应用。

三是根据从微观到宏观的逻辑顺序构建起来的产业经济学学科体系，代表作品是《产业经济学》(苏东水)。该书属于“面向21世纪课程教材”，其所构建的产业经济学学科体系包含三个基础、四个领域、五个层次，具体结构如图3-12所示。

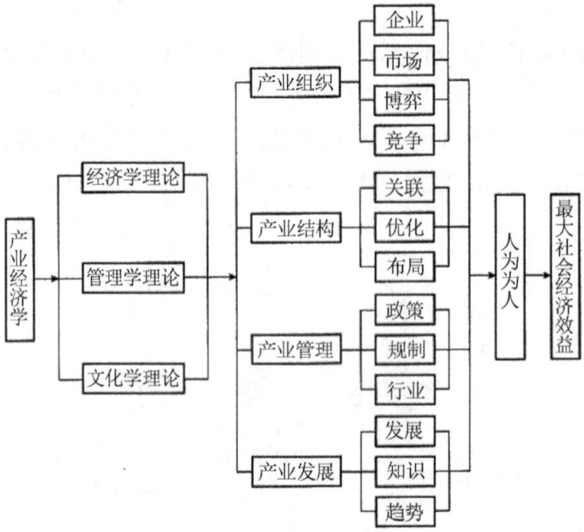

图3-12 产业经济学的学科体系

二、产业生命周期理论

产业生命周期理论是以产品生命周期理论为基础而产生和发展起来的。产品生命周期提理论诞生于1966年，首次出现于美国哈佛大学教授雷蒙德·弗农的《产品周期中的国际投资与国际贸易》一文。在产品生命周期提理论中，典型的产品生命周期可分为导入期、成长期、成熟期和衰退期四个阶段，具体如图3-13所示。

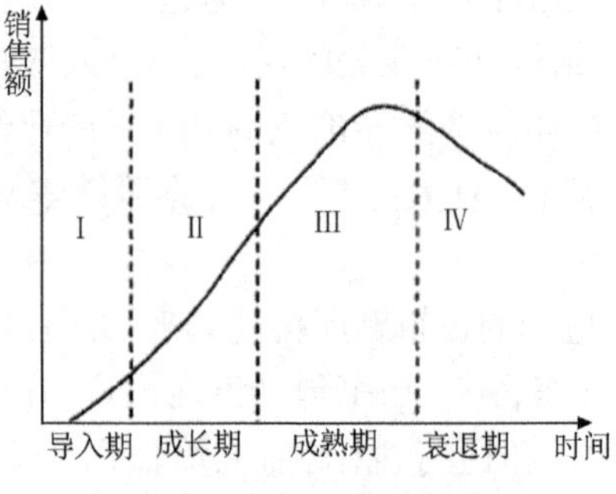

图3-13 产品生命周期曲线

在产业生命周期理论的基础上，Gort 和 Klepper 根据产业中的厂商数目对产业的生命周期进行划分，建立了产业生命周期模型，即 G-K 模型。随后，不少学者都对产业生命周期进行了研究，研究视角主要有以下几点：①对产业生命周期曲线的形态进行实证研究；②对产业生命周期的不同阶段进行研究；③对企业的进入和退出、进入壁垒和退出壁垒进行研究；④对产业生命周期的推动力进行研究；⑤对根据产业生命周期制定产业政策的方法进行研究。

三、SCP 分析框架

（一）SCP 分析框架的形成

SCP 分析框架是产业组织分析的理论，形成于 20 世纪 30 年代，由美国哈佛大学学者创立。1939 年，哈佛大学梅森教授创立了一个研究不同行业市场结构和企业行为的小组，以案例分析为基础，强调了市场结构在市场行为和市场绩效中的重要作用，取得了一系列研究成果。1959 年，小组成员贝恩出版《产业组织理论》一书，对从市场结构推导竞争结果的结构和绩效两段论分析范式进行了阐述，建立了市场结构决定市场行为和市场绩效的理论假定，构建了真正意义上的产业组织理论体系和框架。《产业组织》一书的出版标志着正统产业组织理论的形成，SCP 分析框架也由此成为正统产业组织理论的基本特征。

SCP 分析框架指的是结构—行为—绩效分析框架。所谓结构（Structure），指的是市场结构，即市场上各产业的参与者之间在交易、利益分配等方面的市场竞争关系和与之相对应的市场竞争状况；所谓行为（Conduct），指的是企业的市场行为，即企业在市场环境影响下为谋取利润、抢占市场份额而进行的战略性活动；所谓绩效（Performance），指的是在一定市场结构下，某一产业在价格、产量、成本、利润、产品质量、品种以及技术进步等方面达到的状态。以上三者分析和研究的重点各不相同，市场结构分析和研究的重点在于市场集中度、产品差异、进入壁垒等；市场行为分析和研究的重点在于价格行为、非价格行为、市场调整行为等；市场绩效分析和研究的重点在于资源配置的效率、市场供求的均衡度、企业规模的合理性和产业的技术水平等。

根据正统产业组织理论的逻辑，SCP 分析框架的市场结构、市场行为和市场绩效之间存在一定的单向联系，即市场结构决定市场行为，市场行为影响市场绩效，如图 3-14 所示。在 20 世纪 70 年代之前，SCP 分析框架一直保持着这种具有静态性、确定性和单向性特征的关系。

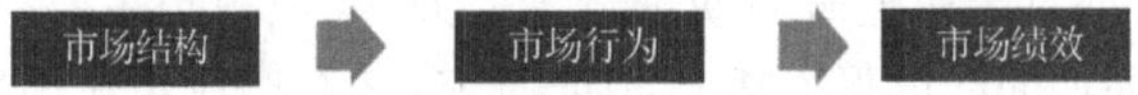

图 3-14　传统的 SCP 分析框架

（二）SCP 分析框架的发展

1. 新 SCP 分析框架的形成

到了 20 世纪 70 年代，传统的 SCP 分析框架引起了许多经济学家的质疑，他们认为，SCP 分析框架是一个非常复杂的产业组织分析理论，不能简单地理解为结构决定行为，行为决定绩效。为了更加敏锐、完善地反映现实，经济学家们将信息经济学和博弈论运用到 SCP 分析中，改变了传统的、单向静态的 SCP 分析框架，构建了新的、更为复杂的 SCP 分析框架，如图 3-15 所示。

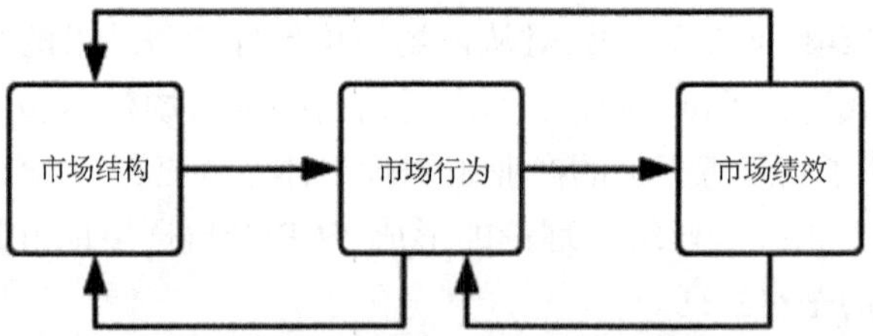

图 3-15　新的、更为复杂的 SCP 分析框架

由图 3-15 可知，在新的 SCP 分析框架中，市场结构依然对市场行为和市场绩效有基础决定作用，但和传统的 SCP 分析框架不同，这里的市场行为不仅单向受市场结构的影响，还会反过来对市场结构产生一定影响；市场绩效不仅受市场结构和市场行为的制约，还会对未来的市场结构和市场行为产生影响。

2. 关于 SCP 分析框架的争论

为了对 SCP 分析框架进行进一步的修正和补充，人们就 SCP 分析框架展开了激烈的争论。其中，斯蒂格勒、戴姆塞茨、波斯纳、麦吉和布罗曾等一批有芝加哥大学背景的经济学家，对贝恩的理论进行了猛烈抨击，被称为“芝加哥学派”。芝加哥学派虽然没有形成完整且严密的逻辑体系，却也提出了不少新的、独特的观点。

和以贝恩为代表的重视经验性研究方法的哈佛学派不同,芝加哥学派更注重对“结构—行为—绩效”的理论分析,其主要理论范式是竞争性均衡模型。该学派认为,市场中即使存在一些市场势力或不完全竞争,只要没有政府规制,就可以形成长期的竞争均衡状态。

关于一个产业一直处于高利润率状态这种情况,哈佛学派认为是产业中有垄断势力的存在导致的,而芝加哥学派则认为这是因为该产业中的企业提高了效率,进行了创新。

此外,和哈佛学派只注重市场结构和市场行为是否损害了市场竞争,而芝加哥学派则更注重两者是否提高了市场效率。鉴于此,人们将常常将芝加哥学派称为“行为主义学派”。

芝加哥学派和哈佛学派关于 SCP 分析框架的争论以各得其所告终。哈佛学派的贝恩范式成为产业组织理论分析的框架,使市场结构、市场行为和市场绩效成为产业组织理论分析的核心问题;芝加哥学派则在结论上获得了支持,使市场结构、市场行为和市场绩效三者之间的逻辑关系更为复杂。

在芝加哥学派和哈佛学派的争论之后,新奥地利学派、新制度学派等又用各自的分析方法与思路,对 SCP 分析框架进行了修正和补充,提出并发展了产权理论、交易费用理论以及博弈论等理论,使 SCP 分析框架日益成熟,被广泛应用于产业组织研究的多个方面。

3. SCP 分析框架的应用

新的 SCP 分析框架形成后,被广泛应用于产业组织研究的多个方面,比较常见的有以下几个方面。

①研究产业的基本条件与市场结构对厂商市场行为的影响。

②研究产业的基本条件与市场结构对厂商市场绩效的影响。

③研究产业的基本条件、市场结构、市场行为与市场绩效这四个要素彼此之间的各种互动关系。

④研究政府政策对产业结构、市场行为与市场绩效的影响。

⑤研究市场结构、市场行为与市场绩效各要素对政府产业政策的反馈。

结构、行为、绩效间的互动关系如图 3-16 所示。

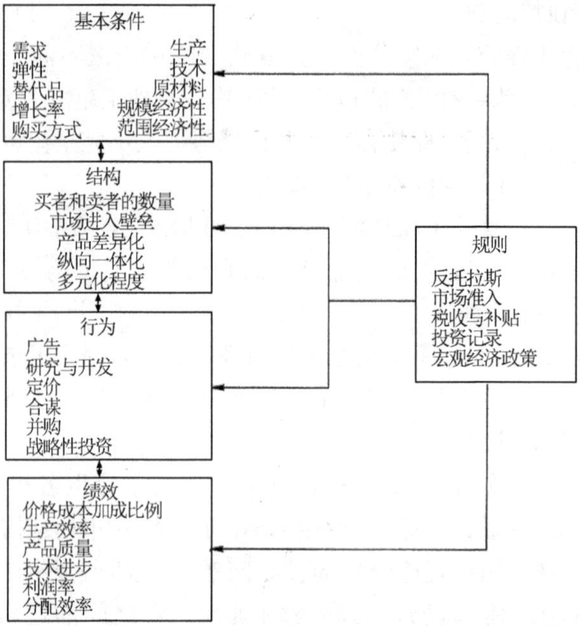

图 3-16　结构—行为—绩效互动关系

四、产业组织理论主体内容

现代产业组织理论的主体内容是市场结构、市场行为和市场绩效，而市场结构是由特定的市场环境决定的，它们彼此之间相互作用，共同构成了现代产业组织理论体系框架，具体如图 3-17 所示。

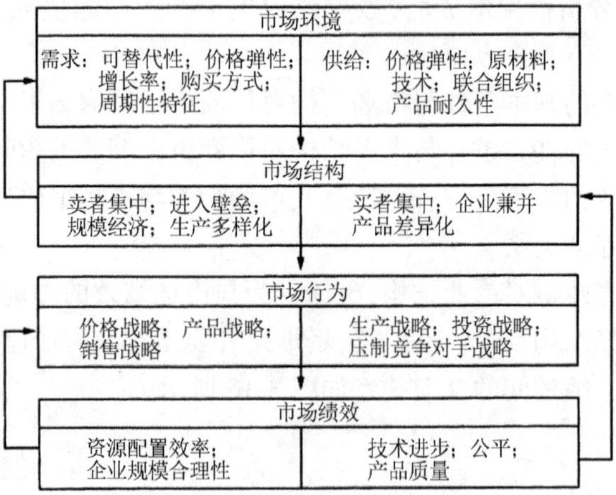

图 3-17　现代产业组织理论体系框架

(一)市场结构

市场结构指的是构成一定系统的诸要素之间的内在联系方式及其特征,主要包括完全竞争、完全垄断、寡头垄断和垄断竞争四种类型,其中,完全垄断、寡头垄断和垄断竞争统称为“不完全竞争”。能够有效反映市场结构的因素主要有三个,即市场集中度、产品差别化、市场进入和退出壁垒。

1. 市场集中度

所谓市场集中度,指的是某一市场上企业和消费者各自的数量及其市场占有份额,用以确定企业和消费者的竞争程度。市场集中度主要包括企业集中度和消费者集中度,两者分别反映了产业内的生产集中情况和产业购买集中情况。其中,企业集中度是市场集中度的主要构成,能够对其产生影响的因素主要有企业对经济规模的追求、企业对垄断地位的追求、行业进入壁垒、企业规模的扩张、企业享受的政府优惠政策等。总体而言,企业规模和市场容量是市场集中度的两个直接影响因素。下面对这两个直接影响因素进行具体分析。

(1)企业规模变化与集中度。

如果一个产业的市场容量既定,少数大企业的规模越大,集中度就越高;少数大企业的规模越小,集中度越低。能够对企业规模变化产生影响的因素主要有以下几点。

①企业有扩大规模的动机。企业扩大规模的动机主要有两点:一是通过将自己的规模扩展到单位产品的生产成本和销售费用达到最优规模的水平,追求规模经济效益,追求利润最大化;二是通过扩大规模,提高市场占有率,争取垄断地位,追求垄断利润。

②技术进步为企业扩大规模提供了可能。工业生产技术的发展催生了诸多大型机械设备和大型生产线,有效促进了产品经营规模的扩大,从而使企业规模也得到了扩大。

③政府经济政策和法律的影响。政府经济政策和法律对企业规模变化的影响主要体现在两个方面:一方面,大多数国家为了防止垄断对资源利用效率、竞争活力、消费者利益的损害,会制定反托拉斯法,限制企业规模的过分扩张;另一方面,大多数国家为了提高本国企业国际竞争力,扩大出口,也会放宽对企业大规模合并和联合的限制,采取优惠政策,鼓励企业扩大规模。

(2)市场容量变化与集中度。

在其他条件不变的情况下,市场容量缩小或不变,集中度会提高;市场容量扩大,集中度则会降低。市场容量缩小或不变对提高集中度的影响大于市场容量缩小对降低集中度的影响。影响市场容量变化的主要因素主要有以下几点。

①经济发展速度。经济发展速度是决定市场容量的一个重要因素,一个产业的相关产业发展速度,能够在很大程度上决定该产业的市场容量。

②居民收入水平和消费结构的变化情况。居民收入水平和消费结构的变化反映的是居民的实际购买力的变化和居民消费支出结构的变化,对最终消费品产业的市场容量变化具有直接的决定性作用,同时也对生产资料产业的市场容量变化具有间接的决定性作用。

③国家经济政策。国家经济政策对市场容量变化的影响主要体现在两个方面:一方面,国家的财政货币政策能够影响总需求的变化,从而对市场容量变化产生影响,如扩张性财政货币政策能够刺激总需求扩张,提高居民购买能力,从而促进消费品产业和生产资料产业市场容量的扩大;另一方面,国家的产业政策能够扶持或限制产业的发展,从而对市场容量变化产生影响,如对重点产业的扶持政策能够扩大重点产业相关联的产业市场容量,而对一些产业的限制政策则会限制这些产业相关联的产业市场容量。

2. 产品差别化

(1)产品差别化的概念。

所谓产品差别化,指的是企业为了稳固在市场竞争中的地位,根据部分消费者与众不同的偏好而生产和其他产品有不完全替代关系的产品,使消费者能将其与其他企业同类产品区别开来。对企业来说,产品差别化是一种经营手段而非价格竞争手段。

(2)形成产品差别化的因素。

产品差别化和产品、服务、地理位置等密切相关,形成产品差别化的因素主要有以下几种。

①产品的物理性差别。同类产品的用途从本质上来讲是相同的,能够影响产品使用效果的物理性差别主要有性能、构造和外观等。

②地理位置差别。企业和销售点位置的不同,会在一定程度上影响到买方的购买时间、方便程度、运输成本等,所以地理位置差别也会造成买方在产品选择上的差别。

③特殊促销活动差别。特殊的促销活动,如赠送礼品、赠送产品附件、有奖销售等活动,会对买方的产品选择产生一定的影响,从而造成买方在产品选择上的差别。

④买方的主观差别。买方的主观差别主要包括以下几种:a. 买方因企业的广告、宣传等对某种产品产生偏好;b. 买方因消费潮流而对某种产品

产生偏好;c.买方因对某种产品了解不多而对其产生偏好。

⑤对买方的服务差别。对买方的服务主要指的是有关信息、送货、技术维修、信用支持等方面的服务,这些服务的差别会在一定程度上影响买方对某种产品的偏好。

(3)提供产品差别化的手段。

通过以上分析,企业可通过以下手段提高产品差别化,增强产品的不可替代性,提升市场竞争力。

①在产品的性能结构、设计和外观上进行改变,将其与其他同类产品区别开来。

②为消费者提供满足其炫耀性的奢侈品、高档商品。

③借助广告宣传的方式,在消费者心中树立产品商标形象,使消费者形成对该产品的偏好。

④为产品设计独有的和产品信息相关的售后服务,使消费者形成偏好。

3. 市场进入和退出壁垒

(1)进入壁垒。

所谓进入壁垒,指的是某个市场已有企业对于潜在进入企业和刚进入新企业所具有的某种优势的程度,反映的是市场内既有企业拥有的优势大小和新进入企业面临的障碍大小。进入壁垒主要有规模经济壁垒、必要的资本壁垒、产品差别壁垒、法律和制度的壁垒等,新企业可通过与市场内已有企业建立合作等方式,打破进入壁垒,进入市场。

(2)退出壁垒。

所谓退出,指的是企业停止作为卖方的行为,从所属产业撤退。以理论角度来看,一家企业如果长期经营亏损,资不抵债,不能正常经营,就应转产或破产,退出其所属产业,实际上,这样的企业很容易受到各种各样的限制,难以从其所属产业中顺利退出。这种限制企业退出的障碍,就是退出壁垒。常见的退出壁垒如图 3-18 所示。

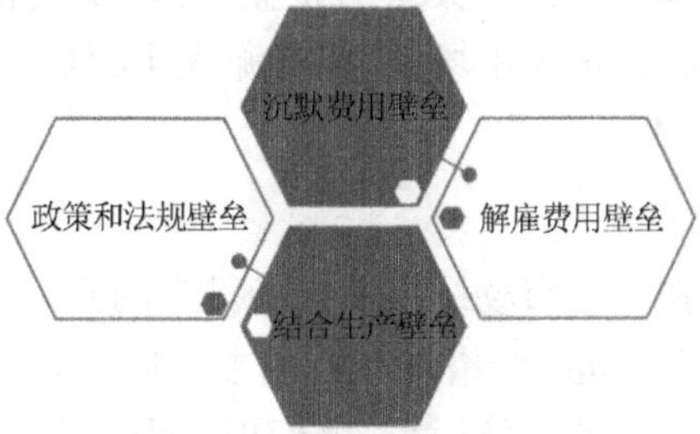

图 3-18　常见的退出壁垒

(二)市场行为

市场行为指的是企业为实现既定目标,根据市场供求条件和其他企业因素而采取的适应市场要求的各种决策行为。市场经济条件下的市场行为都是为实现利润的最大化而进行的,主要分为价格行为、非价格行为和市场调整行为三大类,以下对其进行简要分析。

1. 价格行为

所谓价格行为,指的是企业为实现长期利润最大化而对价格进行控制和影响的行为。价格行为主要分为两类:一类是价格协调,另一类是进入阻止价格。价格协调是企业间关于价格调整的协定和共同行动,主要目的是共谋利润最大化;进入阻止价格是适度降低利润和产品价格阻止新企业进入的行为,主要目的是限制新企业进入市场。

2. 非价格行为

所谓非价格行为,一方面指的是企业的产品和技术开发及销售活动,如销售策略、网络、服务、广告等,另一方面也指企业间的排挤行为,如企业兼并、企业压制等。非价格行为的主要目的在于增强企业在市场上的竞争力,阻止新企业进入。在经济飞速发展和科技日新月异的当今社会,非价格行为往往比价格行为更为重要。

3. 市场调整行为

所谓市场调整行为,指的是企业合并、兼并、联合等行为,对企业集中度和市场效果影响较大。市场调整行为主要有企业兼并和企业集团两种形式,企业兼并是两个或两个以上的企业根据契约关系进行股权合并,以实现资本集中的行为,主要类型有横向兼并、纵向兼并和混合兼并三种;企业集团是一种有共同利益和特殊密切关系的企业群,是现代企业的高级组织形式,有助于加快企业发展,扩大市场,实现资源优化配置。

(三)市场绩效

市场绩效指的是在一定市场结构和市场行为的基础上形成的最终经济成果,如产品品种、产品质量、价格、产量、成本、利润、技术进步等。如果市场结构和市场行为是对市场经济运行基础和过程的反映,那么市场绩效反映的就是市场经济运行的结果。市场绩效的评价和经济活动的目标密切相关，经济活动主体的多元化，决定了市场绩效的评价标准也是多元的。市场绩效的评价标准主要包括资源配置效率、技术进步状况、规模经济和市场供求均衡度等，以下对其进行具体分析。

1. 资源配置效率

资源配置效率是评价市场绩效的最基本指标，包括消费者的效用满足程度和生产者的生产效率两个方面。资源配置效率可以通过利润率来反映，而利润率的高低则和价格水平存在一定的关联。通常情况下，若价格对供求关系反应灵敏，能保持最低成本水平，那么就可判定市场机制下的资源分配过程是正常运行的。但是，若某一产业的利润率一直处于较高水平，市场机制下的资源分配过程就会被破坏，使资源分配出现不合理现象，这说明该产业的资源没有向利润高的产业流动。

2. 技术进步状况

在产业组织理论中，技术进步主要包括两个方面：一是提高生产率，二是发明、革新和技术转移。其主要目的是提高全要素生产率，促进经济持续增长。从长远来看，技术进步对市场绩效的提高具有十分重要的积极意义，好的产业组织要不断进取，研究和开发新技术，以此开发新产品，提高产品产量和质量，降低成本，提高利润。

3. 规模经济

所谓规模经济，指的是生产规模和产量扩大导致的单位生产成本大幅下降情况。规模经济成为市场绩效评价内容的主要原因在于，唯有大企业才具备开发风险大但盈利高的项目的能力，扩大产量可以摊薄固定成本和促销费用，发挥品牌优势。

4. 市场供求均衡度

好的产业组织要保证市场供给与需求相一致。就量而言，若供大于求，则会有多余资源流出，若供不应求，则会有相应资源流入；就质而言，供求均衡除产业总量上的均衡之外，还包括产业内各企业供给结构与需求结构的均衡。

五、产业组织基本形态

产业组织基本形态指的是产业内企业间垄断与竞争不同程度结合的市

场结构、市场行为与市场绩效，主要包括四种基本类型，即完全竞争、完全垄断、垄断竞争和寡头垄断，以下对其进行具体分析。

（一）完全竞争的产业组织形态

所谓完全竞争，指的是不存在任何垄断因素的纯粹竞争。这种产业组织形态是一种极端情况，并不存在于现实社会中，其市场结构、市场行为和市场绩效如下所述。

1. 市场结构

完全竞争产业组织形态的市场结构具有以下特点：①市场由数目众多的小企业和消费者构成，两者提供和购进的产品量在市场总量中占比小，不会影响市场价格；②市场全部信息都由生产者和消费者掌控，企业的生产与销售、消费者的购买决策不会出现失误；③产业没有技术资金或法律的壁垒；④产业内各企业生产的产品都是同质无差别的，具有完全可替代性。

2. 市场行为

完全竞争产业组织形态的市场行为有一个根本性的目标，即实现利润最大化。在这一目标下，企业要掌握消费者需求，结合企业成本、平均效益和边际效益，实现产品生产的短期与长期均衡。

3. 市场绩效

完全竞争的产业组织形态没有垄断的存在，供求关系会自动对社会资源进行调节，使其在各个产业之间流动，能够有效提高资源配置效率，实现资源利用最大化。此外，在这种组织形态中，企业对技术进步的追求也会推动技术进步，使产品成本低于产品平均成本，产生良好的市场绩效。

（二）完全垄断的产业组织形态

所谓完全垄断，指的是市场由一家控制的独家垄断。这种产业组织形态和完全竞争的产业组织形态一样，也是一种极端情况，并不存在于现实社会中，其市场结构、市场行为和市场绩效如下所述。

1. 市场结构

完全垄断的产业组织形态在市场结构方面具有以下特点：①产业集中度高，产品差别大，完全垄断企业的生产和出售的产品不存在直接替代物；

②进入壁垒高;③政策法律壁垒高。

2. 市场行为

在完全垄断的产业组织形态中,产品价格由企业独家规定,消费者只能被动接受,所以,完全垄断企业可以根据市场信息选择高价多销或低价少销,实现利润最大化。同时,完全垄断企业为保持长期垄断地位,排除潜在竞争对手,也会放弃短期利益,阻止其他企业和替代产品进入市场。

3. 市场绩效

完全垄断的产业组织形态有助于实现大批量、大规模生产,取得较好的规模经济效益,这是因为完全垄断企业进行大规模生产能够降低单位产品生产成本,能够以较低的价格出售更多的产品。但是,由于完全垄断企业的资源利用率没有完全竞争产业组织形态的资源利用率高,加之完全垄断企业没有竞争和压力容易不思进取,阻碍资源优化配置和合理流动,阻止技术进步,所以其市场绩效并不是十分良好的。

(三)垄断竞争的产业组织形态

所谓垄断竞争,指的是介于完全竞争和完全垄断之间的不完全竞争。这种产业组织形态和完全竞争的产业组织形态、完全垄断的产业组织形态不同,是一种比较接近现实市场的结构,其市场结构、市场行为和市场绩效如下所述。

1. 市场结构

垄断竞争产业组织形态的市场结构具有以下特点:①生产集中度较低;②不同企业生产的同种产品并不完全同质,存在一定的产品差别,但产品仍有较高的替代性,竞争激烈;③进入、退出壁垒比较低。

2. 市场行为

在垄断竞争的产业组织形态中,企业可选择价格竞争或非价格竞争,实现利润最大化。其中,价格竞争指的是通过变动价格确定产量,非价格竞争指的是通过改变产品质量或调整宣传销售活动支出减少成本。

3. 市场绩效

垄断竞争产业组织形态的市场绩效主要体现在三个方面。第一,垄断竞争的产业组织形态能够促使资源向利润率高的产业流动,提高资源配置效率;第二,垄断竞争的产业组织形态能够促使企业以竞争对手的威胁为动力,进行技术创新;第三,垄断竞争的产业组织形态能够促进产品质量和服务方式的改进,增加消费者福利。

(四)寡头垄断的产业组织形态

所谓寡头垄断,指的是少数大企业控制市场大部分产品供给,占有较高市场份额的产业组织形态。这种产业组织形态和垄断竞争的产业组织形态一样,也介于完全竞争与完全垄断间,其市场结构、市场行为和市场绩效如下所述。

1. 市场结构

寡头垄断产业组织形态的市场结构具有三个特点:一是少数企业控制大部分的产品生产与销售,产品集中度高;二是产品差别小,基本同质;三是进入壁垒较高,新企业很难与大企业抗衡。

2. 市场行为

在寡头垄断这一产业组织形态中,少数大企业之间可以相互抗衡,彼此牵制,因而它们为了保证利润最大化,会相互协调,建立价格统一战线,减少与其他企业的竞争,减少甚至限制新企业的进入。

3. 市场绩效

寡头垄断产业组织形态的市场绩效主要体现在以下几个方面:①有利于大企业开发新技术、新工艺和新产品;②有利于政府对产业的政策调控;③有利于减少企业进入和退出的盲目性;④有利于使企业扩大规模,实现良好的规模经济效益。

第四章　现代体育产业与产品

现代体育产业与产品是现代体育经济的重要组成部分，对现代体育经济的长足发展有着重要的推动作用，本章主要对现代体育产业与产品进行了阐述，首先对体育产业及其相关概念进行了介绍，其次分析了体育服务产品与劳动过程，最后对体育商业化的趋势与利弊进行了分析。

第一节　体育产业与相关概念

一、体育产业的内涵

从严格意义上讲，20 世纪 80 年代之前，我国是没有体育产业这一概念的。1985 年，我国颁布了《国民生产总值计算方案》，将体育产业明确划入第三产业中。之后，我国体育领域的相关学者及实际工作者开始使用体育产业这一概念。

（一）体育产业的基本含义

从第三产业划分的理论出发，第三产业主要是提供劳务或服务的部门。体育属于第三产业，所以体育产业的基本含义是指通过体育劳务形式为消费者提供体育服务或产品的企业、组织、部门、活动等的集合。简言之，体育产业就是体育服务业，这也是体育产业狭义的概念。

单从狭义的角度出发来理解体育产业是不完整的，也是不符合社会经济与体育经济发展事实的。因为在日常生活中，人们会不自觉地将生产运动器材、运动服装等体育消费品的企业或生产部门归为体育产业，实际上，这些企业或生产部门在本质上是加工工业，属于第二产业。这些生产体育消费品的企业或生产部门为体育的存在、发展提供物质支撑，而它们又依赖于体育的存在而存在、基于体育的发展而发展，两者之间的关系是极为紧密的。此外，从现实角度来看，体育产业要想真正成为推动国民经济发展的新的增长点，单靠体育服务业的市场需求是远远不够的，必须将体育服务业的发展和体育实物消费品的生产有机结合在一起。因此，我们不能仅从狭义的角度对体育产业进行理解，更要从广义的角度来理解。从广义上讲，体育产业主要是指为全社会提供体育产品的企业、组织、部门、活动等的集合，包括体育服务业和体育相关产业两大领域。

（二）体育产业的相关概念

1. 体育事业

有学者认为，体育要想成为一种产业就必须满足两个条件：一是体育服务产品发生交换；二是体育机构实行商业化经营。否则，就不能称其为体育产业，而应称其为体育事业。这种观点其实误解了产业与事业的概念，是将体育产业与体育事业完全对立起来的错误观点。

事业主要包含两种含义：第一，指人们从事的具有相应目标、系统的对社会发展有一定影响的经常性活动，如教育事业；第二，特指由国家提供经费支持，不进行经济核算的文化、教育等单位。

从事业的第一个含义来讲，当下体育已成为一种具有一定目标、系统的对社会发展有一定影响的经常性活动，是国家和社会的一项事业，体育产业属于生产性的事业。

从事业的第二个含义来讲，之前我国体育部门、机构都是由国家财政支出经费，基本上不进行经济核算的事业型单位。但随着我国经济体制的深化以及体育领域的改革，大多数体育机构、部门都完成了从事业型单位向经营型单位的转变。需要注意的是，这种转变只是体育事业经营管理方式的转变，并不能说明采取事业型管理方式的体育机构、部门的活动不是体育产业。

2. 体育相关产业

体育相关产业主要是指生产运动器材、运动服饰等体育消费品的企业或生产部门，这些生产体育消费品的企业或生产部门为体育的存在、发展提供物质条件，同时其生存和发展又依赖于体育的生存与发展。

3. 体育产业化

所谓体育产业化，主要是指将我国体育事业的运作方式市场化。体育部门属于生产性部门，不仅要讲求社会效益，还要讲求经济效益。体育产业化是一种机制的转化,它能够通过遵循、借鉴、运用市场规律来获取体育部门的社会效益和经济效益。

二、体育产业的形成

(一)体育产业形成的条件

体育产业形成的条件主要包括三个方面的内容:第一,对体育服务产品的需求达到一定的数量;第二,向体育领域投入的经济资源达到一定的水平;第三,体育运动达到相当的水平和规模。

1. 对体育服务产品的需求达到一定的数量

体育服务产品发展的速度与规模和社会对其的需求量密切相关。判定体育产业是否形成,第一要看社会对体育服务产品的需求量能否使体育服务产品的生产成为一种独立的产业,第二要看社会对体育服务消费品的需求量能否支撑体育产业的生存与发展。体育服务消费品属于较高层次的消费品,只有当社会经济发展到一定的水平,人们的物质生活需要得到极大满足之后,才会将对体育服务消费品的追求提上日程。而只有当人们对体育服务产品的需求达到一定的数量后,才能使体育服务消费品的生产转化为一种独立的体育产业。

2. 向体育领域投入的经济资源达到一定的水平

要使体育服务消费品转化为一种独立的体育产业,还要满足两个方面的条件:一方面需要有一定的生产规模,另一方面必须有一项产业所需的最低量的投入与产出。体育产业是一项耗资巨大的产业,只有当社会经济发展到一定的水平,国家与政府给予体育事业一定的资金支持,体育领域有足够的经济资源后,体育服务消费品才能发展为一种独立的体育产业。

3. 体育运动达到相当的水平和规模

体育产业的形成,一方面需要有专业的、高水平的运动员,能够为观众提供具有观赏性的体育竞赛或体育表演;另一方面需要体育爱好者的广泛参与和支持。这些条件的形成,能够促进体育朝着规模化与高水准的方向发展,进而推动体育产业的形成。

（二）体育产业形成的标志

体育产业形成的标志主要有三个，即体育服务部门的独立化、体育服务劳动成为一种社会职业、体育服务内容的多样化。

1. 体育服务部门的独立化

我国古代的体育运动不是一种独立的社会活动，而是常常与军事活动、狩猎活动等混合在一起。随着社会和经济的发展，体育运动逐渐从军事活动、狩猎活动中分离出来，成为一种独立的社会活动。当体育运动成为一种独立的社会活动后，又出现了专门从事体育工作的社会职业和独立的体育服务部门，这时体育服务才开始成为一种产业。

2. 体育服务劳动成为一种社会职业

职业性劳动是一种以谋生为目的专门性劳动，劳动者不是偶然地从事某一工作，而是较长时间且稳定地从事某一特定的工作。只有当体育工作成为一种独立的社会职业，体育工作者的劳动成为一种职业性劳动时，体育服务才能成为一种产业。

3. 体育服务内容的多样化

作为一项推动国民经济发展的重要产业，体育产业一方面需要具有一定的规模，另一方面需要具备涵盖多种服务内容的系统（包括运动竞赛、表演、设施服务等）。只有当体育运动形成一定的规模，体育服务劳动者队伍不断壮大，体育服务转化成一个涵盖多种服务内容的系统后，体育产业才算形成。

三、体育产业结构

（一）体育产业结构的概念

从整体上讲，体育产业结构主要是指体育产业内部各生产部门之间的联系，其关注的重点是行业内的部门结构。就我国而言，由于体育产业的起步较晚，体育产业的相关理论比较匮乏，使我国学者对体育产业结构的界定还没有达成相对一致的见解，比较有代表性的观点如下。

学者丛湖平认为，体育产业属于第三产业的范畴，是一种“复合型产业”，由此，体育产业结构也是一种涵盖广泛内容的“复合型结构”。他根据产业属性的不同,将体育产业结构分为两类,即体育本体产业与体育载体产业。其中,体育本体产业主要包括竞技体育产业、运动训练服务业、体育健身娱乐业、体育科技信息服务业、职业体育业等;体育载体产业主要包括体育服装业、体育器械仪器制造业、体育旅游业、体育彩票业等。

学者杨铁黎认为,体育产业结构主要是指体育资源在体育产业内部各部门之间的构成、配置及相关性。他根据体育产业属性的不同,将体育产业结构分为四类,分别为体育本体产业、体育相关产业、体育延伸产业、体育边缘产业。

学者林玲、彭连清认为,体育产业结构指的主要是体育产业内部各部门之间的联系,具体包括技术联系、经济联系以及数量比例联系。体育产业内部各部门之间的联系,不仅能够有效地反映各生产部门之间相辅相成的关系,而且能够有效地反映体育资源在各部门之间的配置情况。此外,这种联系还能在一定程度上反映体育产业总产值在各部门的分布情况,从而为体育企业制定相关措施、采取相关行动提供一定的依据。

学者曹克强认为,体育产业结构主要包括两个方面的内容:一是体育服务产品生产部门;二是体育物质产品生产部门。其中,体育服务产品生产部门主要包括体育竞赛表演业、体育健身娱乐业、体育培训业、体育场地服务业、体育经纪业等;体育物质产品生产部门主要包括体育用品制造业、体育信息传播业、体育金融保险业、体育广告业等。

(二)体育产业的基本结构形态

体育产业的基本结构形态主要包括四个方面的内容,分别是体育产业的投资结构、体育产业的产值结构、体育产业的需求结构以及体育产业的就业结构,具体分析如下。

1. 体育产业的投资结构

所谓体育产业的投资结构,主要是指在一定时期内社会体育产业总投资在体育产业内部各行业之间的分布情况。具体来说,体育产业的投资结构主要包括存量结构与增量投资结构两种,其中存量结构是增量投资结构的凝固状态。

2. 体育产业的产值结构

体育产业的产值结构有两种:内部结构和外部结构。

(1)体育产业产值的内部结构。

所谓体育产业产值的内部结构,主要是指体育产业总产值在体育产业内部各行业中的分配比例。体育产业产值的内部结构具有重要的意义:一方面,它是衡量体育产业内部结构协调性的重要指标;另一方面,它能够反映出一个国家或地区体育产业的特色。

(2)体育产业产值的外部结构。

所谓体育产业的外部结构,主要是指体育产业总产值在国民生产总值中所占的份额。体育产业的发展水平主要通过体育产业产值的外部结构体现出来,而体育产业的发展水平越高,其在国民经济中的作用就会越大,地位就会越高。

3. 体育产业的需求结构

体育产业的需求结构主要是指体育市场中各种不同类型的需求数量构成状况,包括三个方面的内容,即国内需求和国外需求、中间需求和最终需求、政府需求和私人需求。

(1)国内需求和国外需求。

国内需求与国外需求是根据体育市场形成地域的不同所分的类别。在经济全球化、体育全球化的大背景下,体育产业只有突破国界、走向世界,充分利用国际、国内两个市场,才能充分发挥自身的优势,从而实现可持续发展。

(2)中间需求和最终需求。

中间需求也可称为“生产消费需求”,主要是指将体育产品作为中间投入品所形成的投资需求,如乒乓球俱乐部购买相应器材就属于中间需求;最终需求也可称为“生活消费需求”,主要是指体育产品在消费过程中的最终消耗,如消费者通过缴纳会费成为俱乐部会员,然后参与俱乐部组织的相应活动即是最终需求。

(3)政府需求和私人需求。

随着体育产业的不断发展壮大,体育产业在国民经济中的地位和作用越来越重要,于是越来越多的国家政府开始积极参与到体育事业的发展建设中来,通过采取鼓励兴建体育设施等举措来推动体育产业的发展。而在这种形势下,政府对体育产品的需求也就逐渐形成,并呈现出与日俱增的良好发展势头。

对消费者个体来说,随着社会经济的高速发展,人们的消费意识发生了明显的改变——越来越重视精神方面的追求,而体育产业的逐步完善恰好为人们满足自身多元化需求提供了良好的平台。随着可支配收入的不断提高,人们对体育产品与服务的私人需求会不断增大,而且这种私人需求可能会在很大程度上发展成为体育需求的主要部分。

4. 体育产业的就业结构

所谓体育产业的就业结构，主要是指在体育产业中全体就业者的分布状态。体育产业的就业结构主要包括两个方面的内容：一是内部就业结构；二是外部就业结构。其中，内部就业结构主要是指体育产业内部各行业吸纳就业的结构比例，外部就业结构主要是指体育产业所吸纳的就业人数在社会总就业量中所占的比例。

（三）体育产业结构的特征

体育产业结构的特征主要包括四个方面的内容，分别是整体性、自发性、转换性和层次性。

1. 整体性

从本质上讲，体育产业是一个集合体，主要由两部分内容构成：一是为社会提供体育产品或服务的活动；二是与这些活动相关的活动。体育产业中的各种活动是紧密联系在一起的，彼此之间有很强的关联效应，我们可以将这种关联效应看作体育产业结构的内在属性，而这种内在属性的存在离不开集体作用的发挥。

从整体的视角来分析，体育产业结构中任何要素的存在与发展都需要其他要素的支持，各要素之间是形成一个整体的。某一要素的产出可能是另一要素的投入，而某一要素的投入也可能是另一要素的产业目标。所以说，体育产业结构具有整体性。

2. 自发性

所谓体育产业结构的自发性，主要是指体育产业的相关机构通过自我调节，来完成对其子系统结构的整体性维护，从而实现体育产业内部各行业之间的有效转换与生成。体育产业是处于不断发展状态的，所以仅靠政府的调节是无法实现起自身持续发展的，必须通过产业结构的自发性调节，来对各个子系统进行及时的自我组织与调整，从而保持持续的活力与竞争力。

3. 转换性

体育产业结构的转换性主要体现在通过对体育产业内发展不理想的子产业的相关因素进行转移，来调整该产业结构的有关变量，促进该产业结构的优化升级，从而为该产业的发展提供新的支持力。

4. 层次性

体育产业结构的层次性主要体现为体育产业系统是由许多不同级别的子系统构成的。从宏观经济角度来看,体育产业包括体育组织管理活动、体育中介活动等八个子系统,而这八个子系统中每一个系统又都含有更低级别的系统,更低级别的系统又包含许多再低一级别的系统……体育产业结构的层级体系由此形成。

四、我国体育产业的构成与发展

(一)我国体育产业的构成与分类

1. 我国体育产业的构成

我国的体育产业主要分为两大类:体育服务业与体育相关产业。具体内容如图 4-1 所示。

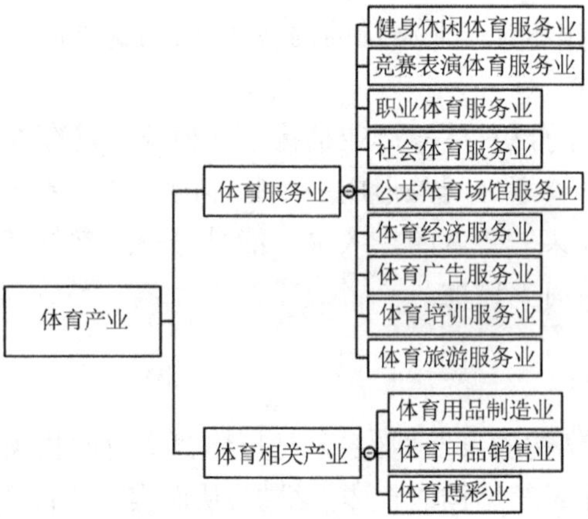

图 4-1 我国体育产业的构成

2. 我国体育产业的分类

我国体育产业主要分为六类:知识型体育产业、活动型体育产业、竞技体育产业、社会体育产业、体育系统经营的体育产业、社会上经营的体育产业。

知识型体育产业主要是指那些提供无形使用价值(体育教学、技术辅导等)的体育服务产品的生产与经营部门。其使用价值的特点主要表现为它的存在不是事物,而是无形的服务。

活动型体育产业是指那些在时空上不能和生产行为分离,并且可以给人们带来精神愉悦的体育服务产品的生产与经营活动,如体育竞赛、体育表演等。

竞技体育产业是指由专业运动队组成的以提供竞赛、表演等体育服务产品为主的生产与经营活动,竞技体育产业主要是为了满足人们观看体育相关活动的需要。

社会体育产业主要是指为了满足人们运动、健身等需要,为人们提供相应体育服务产品的生产与经营活动,如体育咨询、体育培训等。

体育系统经营的体育产业主要指由体育系统相关单位构成的体育服务产品的生产与经营单位,如专业运动队等。

社会上经营的体育产业是指由社会兴办的体育服务的生产与经营单位,如健身房、各类体育学校等。

(二)我国体育产业的发展

我国体育产业的发展主要表现在三个方面:体育服务业初具规模,体育相关产业迅速发展,体育产业政策与法规的不断完善。

1. 体育服务业初具规模

当下,我国的体育服务业初步形成了多业并举的产业体系,具体表现为:健身休闲体育服务业发展迅速、竞技表演体育服务业初步建立、体育经纪服务业方兴未艾、体育培训服务业空前活跃。

(1)健身休闲体育服务业发展迅速。

我国健身休闲体育服务业兴起于20世纪80年代,起初发展比较缓慢,90年代中后期开始进入快速发展阶段,并初步形成高、中、低档并存的市场格局。进入21世纪后,我国健身休闲体育服务业继续高歌猛进,具有规模不断扩大、产值不断提升、投资主体日益多元化等特点。健身休闲体育服务业的持续高速发展,不仅造就了一大批规模大、档次高、影响广的各类健身休闲体育服务经营单位,还极大地满足了不同民众的体育健身需求。

(2)竞技表演体育服务业初步建立。

虽然我国的竞技表演体育服务业仍处于初级阶段,但已基本形成了包含职业联赛、商业性比赛、竞赛表演等在内的市场格局。乒乓球、排球、篮球、足球四类运动项目的职业联赛已形成一定的规模,在我国竞技表演体育服务业中占据着重要的位置,极大地推动了我国体育产业的发展。

(3)体育经纪服务业方兴未艾。

随着我国体育运动职业化进程的加快、体育赛事的增多,以运动员经纪代理、投资咨询服务等为代表的体育经纪服务业也有了极大的发展。作为一种新兴的行业,体育经纪服务业对我国体育产业的发展有着巨大的推动作用,并逐步成为我国体育服务业新的、重要的增长点之一。

(4)体育培训服务业空前活跃。

随着生活水平的逐步提高、全面健身理念的普及,人们的体育意识有了很大的提升,参与体育活动、进行体育锻炼已成为民众日常生活中不可或缺的重要组成部分。在这样的大环境下,各种体育项目的培训班、辅导机构等纷纷涌现,在获取相应经济效益的同时,也推动了我国体育产业的发展。

2. 体育相关产业迅速发展

体育产业的迅速发展主要表现在两个方面:第一,体育用品制造和销售业的迅速拓展。体育用品制造与销售业是我国体育相关产业中增长最快、竞争力最强的一个行业,当下我国已成为全球最大的体育用品制造基地,并呈现出产业集群化发展的趋势。第二,以体育彩票为代表的体育博彩业迅速发展。1994 年,我国首次在全国统一发行体育彩票,发行量为 10 亿元;2008 年,体育彩票发行量为 456 亿元;2018 年,体育彩票发行量达到 2869.16 亿元。从中我们不难看出我国的体育博彩业已初具规模,并成为体育产业的重要组成部分。

3. 体育产业政策与法规的不断完善

近年来,为了推动我国体育产业的持续发展,我国各级体育行政部门在体育产业政策与法规的制定与完善方面做出了巨大的努力,也取得了一定的成效。在制定相关政策、加强立法的基础上,不少地方还组建了体育经营活动执法队伍、开展了体育服务认证试点工作等,极大地推动了我国体育产业的发展。

第二节　体育服务产品与劳动过程

一、体育服务产品的概述

(一)体育服务

所谓体育服务,主要是指体育部门的劳动者(运动员、教练员、管理员等)为满足人们对体育的各种需求,以体育活动、劳动等形式进行的经济活动。具体来说,体育服务是指具有一定体育知识、经验、技能的能够从事体育服务生产的人,为生产体育服务产品而进行的经济活动。根据功能的不同,可以将体育服务分为三大类,分别是观赏型体育服务、自娱型体育服务和指导型体育服务。

(二)体育产品

关于体育产品的概念主要有两种观点:第一,体育产品指的是与体育活动有关的所有经济活动产品,包括体育物质产品和体育服务产品;第二,体育产品主要是指运动者在体育练习、活动、比赛等过程中生产出来的非物质形态的产品,如劳务、服务等,体育服务产品即属于此种概念。

(三)体育服务产品

通过对体育服务与体育产品的分析,本书将体育服务产品的概念界定为:运动者在消费性体育活动过程中所创造的供人消费的非物质形态的产品,如体育赛事表演产品等。图 4-2 为体育服务产品结构。

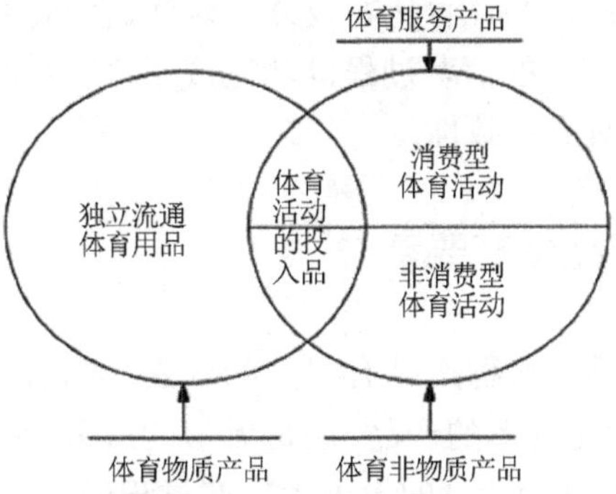

图 4-2　体育服务产品结构

二、体育服务产品的特点

体育服务产品的特点主要有三个:体育服务产品的非实物性、体育服务产品同生产行为不能分离、体育服务产品生产和消费的时空一致性。

(一)产品的非实物性

相较于一般的实物形态的产品,体育服务产品的独特性在于其所具有的非实物性，具体表现在两个方面：一方面，体育服务产品没有具体的自然形式（如体积、长度等），而是一种“为活动提供服务”的非物质形态①。另一方面，人们无法确切地感知到体育服务产品的存在，只能对其进行科学抽象和理论方面的研究。虽然体育服务产品不具有实物形式，但它能够满足人们多方面的体育需求，具有确切的可消费性。

（二）产品同生产行为不能分离

实物消费品在生产完成后可以独立存在，也可以储存。而体育服务产品则不一样，其生产过程的结束即意味着产品使用价值的结束，既不能独立存在，也无法储存。例如，体育比赛、体育表演的过程就是其服务的生产过程，这些体育服务一经生产，转瞬就消失了。

（三）生产和消费的时空一致性

相较于实物产品生产和消费在时空上的可分离性，体育服务产品的生产和消费在时空关系上则具有高度的一致性。例如，体育比赛、体育表演的过程，不仅是体育服务产品生产的过程，而且是体育产品消费的过程（观众观看体育比赛、表演等）。当体育比赛或体育表演（体育服务产品的生产过程）结束时，体育服务产品的消费过程也就完成了，所以说体育服务产品的生产和消费在时空上具有一致性。

三、体育服务产品生产要素

虽然体育服务产品与实物产品有很大的区别，但它们的生产过程从整体上说是相同的，无论是有形的产品，还是无形的服务，它们都是以生产要素（如劳动、土地、资本、技术等）的投入为生产过程的起点的。体育服务产品的生产离不开各种生产要素的支持，由于体育服务产品的生产具有独特性，一方面使投入品之间的技术联系具有独特性，另一方面使投入品在要素市场上的供给关系具有特殊性。

（一）体育服务产品的生产要素及特征

体育服务产品的投入品主要包括三种：资本、企业家才能和劳动。

---

① 米雄辉. 体育经济学[M]. 北京：光明日报出版社. 2016:51.

1. 资本

资本也被称为资本品,主要是指那些被用来作为生产性投入的耐用品。体育资本品主要包括体育场馆和运动器械两大类,通常来说,在体育服务产品生产的过程中,这两类资本品具有一定的稳定性和长期性。

(1)体育场馆。

从短期供给量来看,体育场馆的市场供给弹性较小,一般情况下供给弹性小于1,这主要由四方面因素构成:第一,体育场馆的配置周期长;第二,体育场馆的技术含量高;第三,体育场馆的投资大;第四,体育场馆的价格一旦变动,就会导致调整难度加大。从长期供给量来看,体育场馆的市场供给弹性较大。图4-3为体育场馆的短期市场供给曲线。

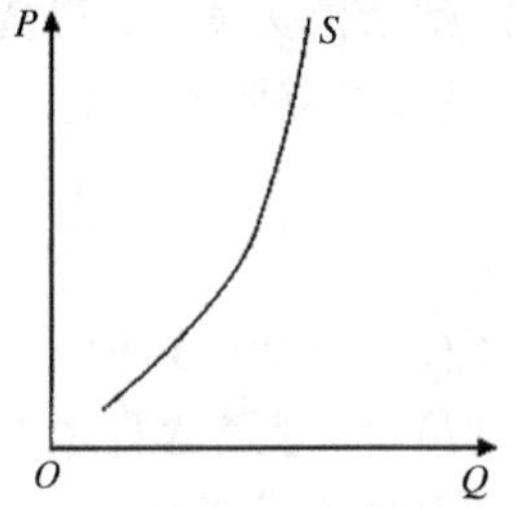

图4-3　体育场馆的短期市场供给曲线

注:P表示价格;Q表示数量;S表示供给曲线

(2)运动器械。

一般情况下,运动器械的市场供给弹性大于1,这主要受三方面因素的影响:第一,运动器械的生产厂家多;第二,运动器械的品牌多;第三,具有相同使用价值的同类产品多。这些因素的变化,都会影响到运动器械的供给量,因此运动器械的市场供给弹性大于1。图4-4为运动器械的市场供给曲线。

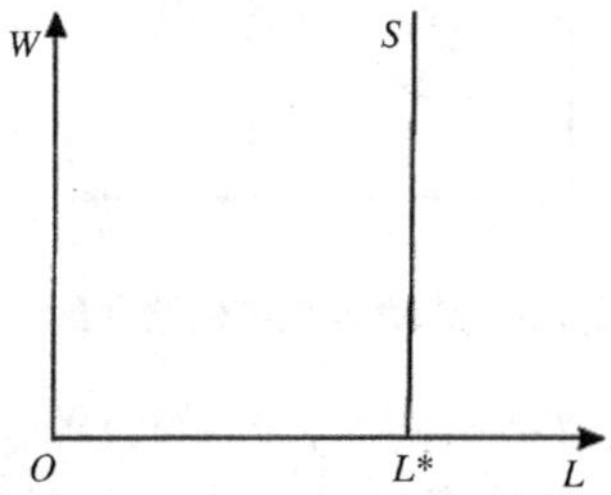

图4-4　运动器械的市场供给曲线

注:W表示工资;L表示劳动供给量;S表示供给曲线

(3)体育资本品的交易。

体育资本品的交易方式主要有两种:一种是所有权的交易;另一种是使用权的交易。

所有权的交易意味着体育资本品归使用这些资本品的体育企业所有,体育企业需全额购买这些资本品。使用权的交易主要是指体育资本品由其所有者租赁给体育企业使用,体育企业需支付相应的暂时使用资金。

2. 企业家才能

观赏类体育服务产品之所以具有较强的吸引力,一方面在于体育运动特有的魅力,另一方面离不开优秀的竞赛组织者和管理者。竞赛的组织者和管理者主要是一些企业家,而企业家的才能是指企业家在经营过程中所表现出的管理能力、组织能力、创新能力等,是观赏类体育服务产品的重要投入品,对体育服务产品的发展有着重要的影响。

3. 劳动

体育服务劳动主要是指具有体育专门知识、经验、技能的能够从事体育服务生产的人(如教练员、运动员、体育经营管理者等),为生产体育服务产品而进行的有目的活动。以下主要通过三个供给曲线对体育服务劳动进行分析。

(1)劳动的供给曲线。

劳动的供给曲线主要包括两种:一种是劳动的个体供给曲线(见图 4-5);另一种是劳动的市场供给曲线(见图 4-6)。

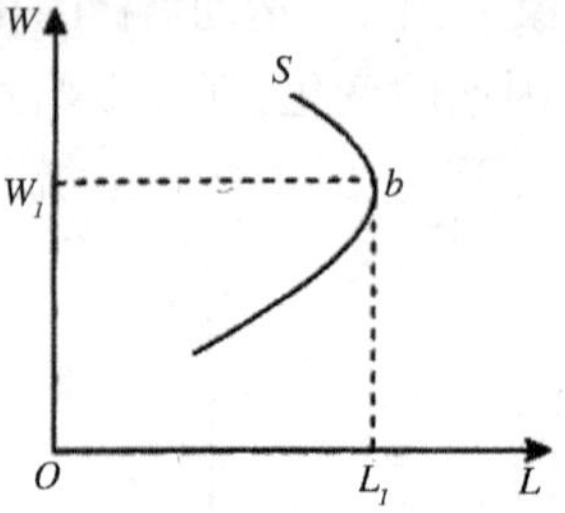

图 4-5　劳动的个体供给曲线

注:W 表示工资;L 表示劳动供给量;S 表示供给曲线

从图 4-5 中能够看出,消费者的劳动供给量随工资的上升先增后减。供给曲线 b 点以下的部分表示随着工资的增长,消费者所提供的劳动量也在持续上升;当消费者的工资增长到 W_1 点时,其劳动供给量也达到了最大值 L_1;供给曲线 b 点以上的部分表示随着工资的增长,消费者的劳动供给量呈下降趋势。

将所有个体劳动者的劳动供给曲线平均水平相加，即为劳动的市场供给曲线（见图4-6）。当工资水平相对较低时，人们所提供的劳动量较少，但随着工资的增长，新的劳动者会不断地进入劳动市场，进而促进劳动市场供给量的持续上升。

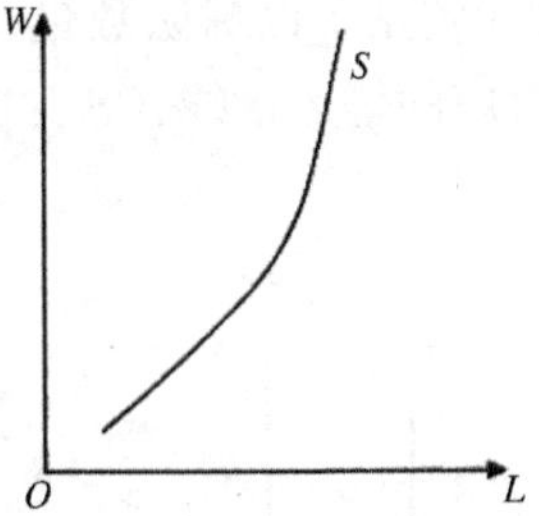

图4-6　劳动的市场供给曲线

注：W表示工资；L表示劳动供给量；S表示供给

（2）运动员和教练员的市场供给曲线。

运动员和教练员需要特殊的知识和技能，其劳动的市场供给弹性小于1；相较于一般的运动员和教练员，优秀的运动员和教练员是比较紧缺的，所以其劳动的市场供给弹性更小，市场供给曲线更为陡峭，图4-7为优秀运动员和教练员劳动的市场供给曲线图。

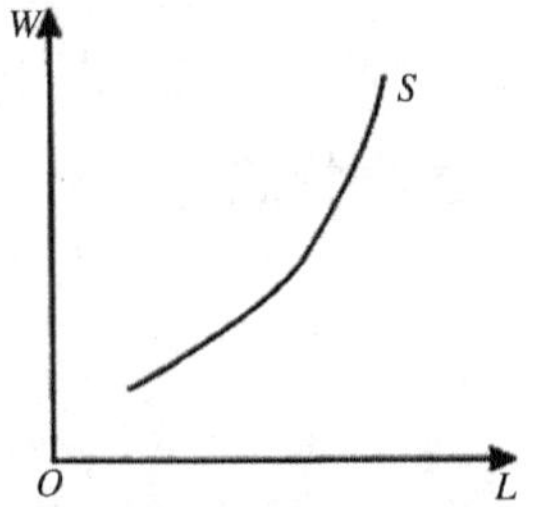

图4-7　优秀运动员和教练员的劳动市场供给曲线

注：W表示工资；L表示劳动供给量；S表示供给

（3）裁判员劳动的市场供给曲线。

裁判员也需要一定的特殊的知识和技能，只是这些特殊的知识和技能与个人的天赋关系不大，可以通过后天的学习获得，所以裁判员劳动的市场供给弹性小于1，但不会接近0。

（二）体育服务产品生产要素间的技术联系

体育服务产品的生产需要将各生产要素按一定的比例进行搭配，这种比例搭配本质上是体育服务产品生产要素的组合结构,对这一组合结构影响最大的因素是体育服务产品的生产技术。

一般来说,体育服务产品的生产要素之间的技术比例关系是一定的。以篮球比赛为例,篮球比赛除参赛双方外,还需要一个相对标准的篮球场、一个主裁、两个边裁以及若干技术官员,这些生产要素的数量是一定的,而且各生产要素之间不存在替代关系。以球队数量 T 为横坐标,以球场数量 C 为纵坐标,则 L 形折线为对应的等产量线,OS 为“脊线”,图 4-8 为球队与球场的等产量线图。

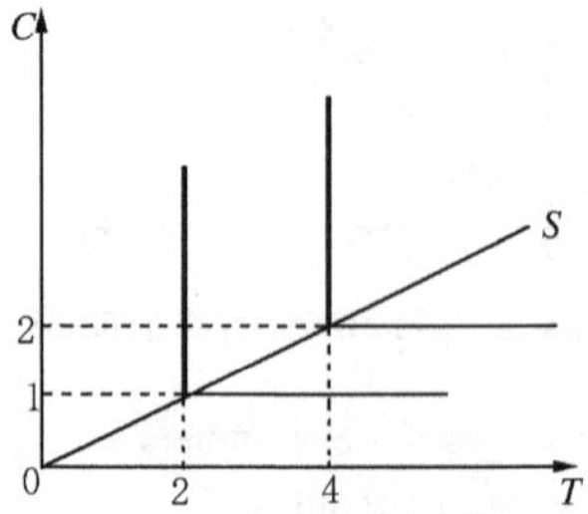

图 4-8 球队与球场的等产量线

所以,要想成为理性的体育服务产品的生产者,应该以“脊线”为参照,然后再对各生产要素进行合理的比例搭配,最终选择恰当的组合方式。如果忽略“脊线”的存在,而选择在“脊线”外进行组织,势必会出现生产要素浪费的现象。

四、体育服务产品生产过程特点

(一)阶段性

1. 体育服务劳动的前期阶段

前期阶段主要是指生产半成品的准备阶段。不同类型的体育服务产品,其前期阶段时间的长短也是不同的,如技术性强、难度较大的体育服务产品,它的前期阶段也相对较长。此外,一般情况下,体育服务劳动产品的前期阶段要长于后期阶段。

2. 体育服务劳动的后期阶段

后期阶段主要是指体育服务的最终产品阶段。体育服务劳动的前期阶段和后期阶段不是相互分割的,前期阶段的准备与后期阶段产品的质量关系甚大。“台上一分钟,台下十年功”正是这个道理,没有前期的刻苦训练,就没有赛场上几十分钟甚至几十秒钟的辉煌。

(二)消费者的直接参与

实物消费品具有可存储性,其生产和消费在时空上是可以分开进行的,所以劳动过程不需要消费者的直接参与。而体育服务产品则不同,因为它不是实际存在的产品,不具有转移性和存储性,并且不能离开生产行为而存在,当劳动过程完成时,体育服务产品也就消失了。因此,如果没有消费者的直接参与(如现场观看比赛等),体育服务劳动的过程就会丧失应有的价值与意义。

需要注意的是,由于体育服务劳动具有阶段性特征,因此消费者无法也不必全程都直接参与体育服务产品的生产过程。通常来说,在体育劳动服务的前期阶段(练习、训练阶段等),消费者无须参与;在后期阶段(比赛、表演阶段),消费者需直接参与其中,这既是体育服务劳动的前提,也是体育服务产品存在的意义。

(三)具有鲜明的要素性

体育服务劳动过程具有鲜明的要素性,其要素成为体育服务产品的现象形态。在实物消费品的生产过程中,其产品是客观存在的,与其劳动过程要素具有很大的差别。体育服务产品没有具体的实物形式,人们无法确切地感知到它的具体形态,只能通过观察体育服务劳动过程中的诸要素(劳动者、劳动资料等),来判定它的存在。例如,在篮球比赛中,人们无法看到由运动员、教练员等所提供的不具有实物形态的体育服务产品,只能看到运动员做出的动作。

所以,体育服务产品是和体育服务劳动过程的诸要素(运动员、教练员、裁判、场地等)联系在一起的,这些具有独立实物形态的要素结合在一起,共同构成了体育服务产品的现象形态。在体育赛事中,人们虽然无法直接感知到体育服务劳动过程的存在,但能够通过观看体育比赛间接感知体育服务的存在。

(四)生产与消费具有同时性

生产与消费具有同时性指的是在体育服务劳动过程中,消费者对生产资料的消费与对体育服务产品的消费是同时进行的。众所周知,在实物消费品的生产过程中,生产资料是被率先消费的,而劳动成果(实物消费品)则是在劳动过程结束后才被消费的,具有明显的时间差异性。体育服务产品则不同,在整个体育服务劳动过程中,对劳动资源的消费和对体育服务产品的生产时刻都在进行着。

(五)体育服务生产过程中劳动对象的能动性

因为体育服务的劳动对象是具有意识的人类,所以体育服务生产过程中的劳动对象具有能动性。从本质上讲,体育服务生产过程是劳动者与劳动对象相互作用的过程,在这个过程中,不仅发生着劳动者与劳动对象之间的相互作用,而且进行着人与人之间的交流。由于劳动对象的才能、素养有所差异,因此在体育服务生产的过程中,同样的劳动产品可能会得到不同的消费结果。由此可见,劳动对象的能动性会对体育服务的生产过程产生重要的影响。

第三节　体育商业化趋势与利弊分析

一、体育商业化含义与表现

(一)体育商业化的含义

体育商业化主要是指体育服务产品的商品化,即体育服务产品通过市场的作用实现其自身价值的经济活动过程。

体育商业化实际上是一种以体育运动本身为主要产品,以商业模式为运作手段,以互利互惠为目的的体育产业化发展模式。因此,在推动体育商业化的进程中,要充分借助市场机制,运用相应的经济手段来大力兴办体育事业、积极组织体育活动,在推动体育商业化的同时,促进体育产业的长足发展。

(二)体育商业化的表现

体育商业化主要表现在以下四个方面。

第一,打造明星运动员,对明星运动员进行明码标价,并允许他们自由转会。此外,还为这些明星运动员提供高额的出场费用。表 4-1 为足球历史上最贵的十大转会。

表 4-1　足球历史上最贵的十大转会

序号	姓名	转会年份	转会去向	转会费用（万欧元）
1	加雷斯·贝尔	2013	托特纳姆热刺→皇家马德里	10000
2	C. 罗纳尔多	2009	曼彻斯特→皇家马德里	9400
3	内马尔·达席尔瓦	2013	桑托斯队→巴塞罗那	8600
4	路易斯·苏亚雷斯	2014	利物浦→巴塞罗那	8100
5	詹姆斯·罗德里格斯	2014	摩纳哥→皇家马德里	8000
6	齐内丁·齐达内	2001	尤文图斯→皇家马德里	7600
7	兹拉坦·伊布拉希莫维奇	2010	国际米兰→巴塞罗那	7000
8	里卡多·卡卡	2009	AC 米兰→皇家马德里	6700
9	埃丁森·卡瓦尼	2013	那不勒斯→巴黎圣日耳曼	6400
10	路易斯·菲戈	2000	巴塞罗那→皇家马德里	6170

第二,众多大型企业、公司开始以投资的方式运作商业性的体育赛事,如网球大师杯等。

第三,企业或公司以高额费用邀请体育明星为其产品代言,运动员利用自己的名声参与商业性的营销活动。

第四,通过商业手段举办奥运会、世锦赛、世界杯等大型体育赛事,并用高额奖金鼓励运动员及相关人员为国家荣誉而拼搏。

二、体育商业化的利弊

(一)体育商业化的利处

体育商业化的利处主要表现在以下七个方面。

第一,体育商业化的运作能够有效地扩大体育运动的影响力,从而使体育运动深入到社会各处。

第二,体育商业化的运作能够有效地提高人们的体育参与意识,促进世界体育人口的不断增长。

第三,体育商业化的运作能够有效地提高企业及其产品的知名度,从而使企业获得更多的经济效益。

第四,体育商业化的运作使人们能够认识和了解不同国家及地区的知名品牌。

第五,体育商业化的经营方式能够有效地推动体育运动的发展。

第六,体育商业化的运作能够加快优秀运动员的流动,在一定程度上可以提高竞技运动水平,进而推动体育运动的发展。

第七,体育商业化的运作在一定程度上能够有效地促进运动员之间的交流与合作,有助于提高运动水平。

(二)体育商业化的弊端

体育商业化的弊端主要表现在两个方面:一方面,过度的商业化会玷污体育的形象;另一方面,过度的商业化操作会威胁运动员的健康与生命。

1. 过度的商业化会玷污体育的形象

奥林匹克的宗旨是更高、更快、更强,和平和友谊;体育的魅力是竞争、友好和向上。但随着体育商业化的过度发展,体育的魅力大打折扣,甚至出现了“体育运动就是金钱游戏”的错误发展理念。这一理念不仅违背了奥林匹克的宗旨,而且会腐蚀运动员的灵魂,对体育运动的健康、可持续发展非常不利。

2. 过度的商业化操作会威胁运动员的健康与生命

体育商业化操作在一定程度上确实打造了众多知名的运动平台,但过度的商业化操作,使体育赛事增多,运动员出场机会增多,这就在无形中增加了运动员受伤的机会。此外,一些运动员在“名”或“钱”的驱使下,为了达到预期的目的不惜采取一切手段,如服用兴奋剂、进行高强度训练等,这些都会对运动员的健康与生命造成巨大的威胁。

三、中国体育商业化发展

(一)中国体育商业化的现状

1. 体育产业缺乏市场竞争力

虽然我国体育商界不乏李宁、安踏等一些知名品牌,但相较于国际上的其他知名品牌,无论是在产品规模方面,还是在科技含量方面都难以与之抗衡,市场竞争力的不足严重影响了我国体育商业化的长远发展。

2. 体育商业化步伐受阻

相较于西方发达国家体育商业化的发展历程,我国体育商业化起步较晚,发展规模也十分有限,加之体育改革落后、人们体育消费意识滞后,使我国体育商业化的发展步伐严重受阻。

3. 相关人才数量较少

体育商业化的发展需要配备专业的人才,这些人才不仅要有体育方面的知识、经验,还要具有一定的经济和管理方面的知识与经验,并且对市场具有敏锐的洞察力。而我国当下的体育产业管理人才多是退役的运动员或教练员,他们虽然拥有丰富的体育知识与经验,但缺乏对市场运作及商业规律的了解,这些因素都会影响我国体育商业化的进程。

(二)中国体育商业化的发展对策

1. 建立相应的思想体系

要想推动我国体育产业的发展,就必须建立与社会主义市场经济相适应的思想体系。众所周知,体育是一项生产性的事业,一方面它能够为消费者提供体育器械、体育设备等实物消费品,另一方面它又能够为消费者提供非实物消费品(体育服务产品)。在社会主义市场经济条件下,体育服务能够进入市场,进而转化为商品,在产生社会效益的同时,也创造了良好的经济效益。因此,在推动我国体育商业化发展的过程中,必须扭转把体育事业作为纯消费活动的思想观念,建立以市场经济理论为指导、社会效益与经济效益相结合、国家主导与市场调控相结合的思想体系。

2. 加快发展步伐

当下,我国的体育商业化仍处于初级阶段,许多方面都存在一定问题,所以在推动体育商业化的过程中,可以借鉴西方发达国家的发展模式,但绝不能简单照搬。我们要在认清体育商业发展具体情况的基础上进行探讨和摸索,看准路子大胆实践,从而加快我国体育商业化的发展步伐。以大型体育场馆为例,应加快体育场馆从事业型模式向经营型模式的转变,加强宣传,配合全民健身计划的实施,通过出租场馆的方式逐步向大众开放,加快其商业化的步伐。

3. 培养专门人才

培养专门人才，尤其是在市场经济中能灵活运用各种体育资源的经营管理人才，是推动我国体育商业化发展的关键一步。专门人才的培养方法主要包括三种：第一，各体育院校通过开设体育经济与经营管理课程，来加强专门人才的培养；第二，开办相应补习班，提高体育商业部门现有经营者、管理者的素养与水平；第三，引进专业人才，形成“以新带老”的人才培养模式。

（三）中国体育商业化发展趋势

1. 内涵式发展将成为主流

竞技体育比赛是体育商业化最重要的内容之一，内涵式发展将成为主流，这也将成为商业化运作的基础。当下，大多数的体育商业行为都是依托高水平的体育赛事进行的，如奥运会、世锦赛等。水平不高、管理混乱的体育赛事难以吸引民众的关注，也就无法形成相应的商业化发展规模。因此，在推动体育商业化发展的过程中，一方面要重视体育赛事的精彩程度，另一方面要不断提高赛事管理的合理性。从内涵方面入手，提高体育赛事的整体品质、扩大体育赛事的影响力，为体育商业化的发展营造良好的氛围。

2. 商业化形式将更加多样

随着经济社会的发展，人们的体育参与意识和体育消费能力均有较大提升，当下的体育商业化形式已难以满足人们日益增长的多样化体育需求，为了改变这一状况，必须加快推动体育商业化形式朝着多元化的方向发展。

3. 体育产业总量将持续增加

经济社会的进步、消费能力的提高以及体育参与意识的增强，使越来越多的民众开始关注体育赛事、参与体育活动。而体育消费群体人数的持续增加，也极大地推动了体育消费总额的不断上升，进而推动了体育产业总量的持续增加。

第五章　现代体育消费

在社会主义市场经济体制条件下，我国的科技和经济的发展日益迅速，社会生产力水平不断提高，人们的生活水平、消费结构、消费习惯、消费意识等也在发生了翻天覆地的变化，加之体育产业的迅速勃兴，体育消费领域实现了前所未有的发展。体育消费已经成为现代人们生活消费的重要组成部分，同时也成为体育经济学研究的重要内容之一。本章着眼于现代体育消费，对现代体育消费的内涵与特点、消费效用与态度、消费水平与行为进行了深入分析，以期为现代体育经济的发展提供新思路。

第一节　现代体育消费内涵与特点

一、体育消费的含义

（一）消费的一般含义

消费是人类经济社会的重要组成部分，存在于人类社会的各个角落。正如《马克思恩格斯全集》所言："人从出生起无时无刻不在消费，无论是在他开始生产以前，还是在生产期间，都是一样。"①

从经济学角度来讲，消费主要包括两部分，即生产消费和生活消费。其中，生产消费有两个方面：第一，物质生产过程中所发生的原材料、燃料等的消耗以及生产工具磨损的过程；第二，物质生产过程中所发生的劳动者脑力和体力的支出。生活消费主要是指人们将生产出来的生活资料（物质消费品、精神消费品等）消费掉的过程。

---

① 中共中央马克思恩格斯列宁斯大林著作编译局．马克思恩格斯全集（第 23 卷）［M］．北京：人民出版社，1972：191.

我们通常说的消费主要是指个人的生活消费。由于个人生活消费受多方面因素的影响,所以个人所呈现出的消费行为是有所不同的。一般来讲,人们消费行为的发生主要源于对三种需要的满足,即对生存需要的满足、对发展需要的满足以及对享受需要的满足。

(二)体育消费的含义

体育消费的含义有狭义和广义之分。其中,狭义的体育消费主要是指人们在体育活动方面的消费支出,不仅包括人们直接参与体育活动的支出(如到健身俱乐部健身等),还包括人们间接参与体育活动的支出(如观看体育比赛等)。广义的体育消费则主要是指一切和体育活动有直接或间接关系的个人消费行为。例如,为了观看体育比赛所支付的交通费、住宿费等。

二、体育消费的地位

(一)体育消费在社会消费结构中的地位

根据马克思主义的相关理论,社会消费结构主要包括三个方面的内容,即生存性消费、发展性消费以及享受性消费。

生存性消费是最低层次的,是人们为了维持基本的生存需要而进行的消费,主要包括物质性消费,而体育消费的非迫切性决定了其在生存性消费阶段的地位是比较低的。

发展性消费是人们在满足基本生存需要的基础上形成的,是较高层次的消费。它是人们为了寻求更好、更高的发展而产生的消费需求。而体育消费所具有的满足人们更好发展需求的功能使其受到人们的喜爱,所以在发展性消费阶段,体育消费占据着一定的地位。

享受性消费是最高层次的消费,随着经济的不断发展,人们收入水平的不断提高,精神消费越来越受到人们的关注。这一阶段,体育消费作为一种能够丰富人们精神生活的消费,不仅是个人休闲消费的重要组成部分,而且在社会消费结构中占据重要的位置。

(二)体育消费在居民生活消费中的地位

作为一种发展及享受消费的体育消费,体育消费是社会生产力发展到一定程度的产物,是在人们满足自身基本生存需要的基础上产生的。体育消费在居民的生活消费中扮演着重要的角色,它能够满足人们日益增长的体育文化需求,提高人们的身心素质,丰富人们的精神生活。此外,体育消费还能在一定程度上反映社会的经济发展水平与人们的生活水平。体育消费在居民生活消费中的地位主要体现在体育消费的不可或缺性上,体育消费所具有的娱乐消遣、锻炼身体等功能决定了其是人们生活的重要组成部分,是不可或缺的。

三、体育消费的性质与特点

(一)社会主义体育消费是文明、健康、科学的消费

由于社会主义体育消费坚持科学社会主义的人生观和价值观,所以它不仅能够使人们在休闲娱乐时真正实现身心的和谐发展,而且有助于人们德、智、体等的全面发展,进而在全社会形成一种文明、健康、科学的消费行为。

(二)体育消费增长与经济增长的互助性

体育消费增长与经济增长的互助性表现在两个方面:一方面,体育消费的增长能够扩大体育产业的发展规模,推动体育产业的发展,从而为社会经济的发展提供动力支持;另一方面,社会经济的增长能够为体育产业的发展提供必要的经济条件支持,人们收入的提高也会扩大其对体育产品的需求,从而有助于体育消费的增长。

(三)体育消费需求弹性小

根据马斯洛的需求层次理论,体育消费属于发展和享受资料消费,从人类需要的紧迫程度上讲,体育消费需求并不是人类生存必不可少的需求。所以,相较于生存需要,体育消费需求的弹性相对较小。

(四)体育消费项目流行周期短

一般情况下,体育消费项目的流行周期为四年左右,是比较短的。当体育消费项目处于流行期时,人们对它的需求度会比较高;而当流行期过去后,人们对这一体育消费项目的需求度会明显下降,直至这一体育消费项目因失去竞争力而退出体育市场。

（五）体育消费具有不均衡性

受经济发展水平的制约，不同地区的体育消费水平具有明显的不均衡性。以我国为例，东部沿海地区经济发展水平高，人们整体的体育消费水平也比较高；而西部偏远地区的经济发展水平低，人们的体育消费水平几乎为零。即使是同一地区，人们的体育消费也具有不均衡的特点，如可支配收入高的消费者多参与高尔夫球等较高级的体育消费项目，而可支配收入一般的消费者则多选择相对低廉的体育消费项目。

（六）体育消费具有一定的盲目性

体育消费具有一定的盲目性，这种盲目性主要是由体育服务产品的无形性决定的。人们在购买有形的商品时，可以通过观察、触摸等方式来对商品进行初步的分析与鉴定，然后再做出是否购买的决定。而体育服务产品的无形性使人们在消费之前很难对其进行切实的感知与体验，这在一定程度上使体育消费具有盲目性的特征。

（七）体育消费具有文明的进步性

体育消费能彰显一个国家或民族的精神风貌，具有显著的文明进步性。体育消费的文明进步性主要表现在三个方面：第一，体育消费不仅能够提高人们的身体素质，而且有助于提高人们的心理素质；第二，体育消费成为一种新型的交往手段，在强化人际交往的同时，有助于社会精神文明的建设；第三，体育消费不仅能够满足人们修养身心的需求，而且能够提高人们的身心素养，进而有助于人们养成一种科学、文明的生活方式。

第二节　现代体育消费效用与态度

从经济学角度对现代体育消费进行研究，需要依赖一个基本的前提假设，即人们在进行体育消费时，会乐意去选择他们认为价值最高的体育产品。经济学家在对消费进行研究时，通常会从“效用”这一概念出发，推导出消费者的需求曲线，在此基础上对消费行为进行分析与研究。所以，这里主要从体育的效用与相关概念出发，对现代体育消费的效用与态度进行研究。

一、体育消费的效用与相关概念

(一)体育消费的效用

所谓体育消费的效用,指的是消费者通过体育商品消费所获得的满足程度。所以,消费的效用中含有一定的心理成分,即消费者会倾向于选择能够使他们感受到满足和快乐的商品及服务,而有选择性地回避会使他们感到失望和痛苦的商品及服务。由此,我们可以判断某种商品或服务对消费者是否产生效用以及所产生效用的大小。

(二)体育消费的无差异曲线

根据经济学中无差异曲线的概念,体育消费的无差异曲线指的是能给体育消费者带来同等效用的各种体育商品不同组合的曲线。

例如,某一体育消费者喜欢观看足球赛,同时也喜欢阅读健美操类书籍,这两种商品在该体育消费者这里就有无数种组合方式,这些组合方式带给该体育消费者的满足程度是相同的,如 5 本健美操类书籍和 40 张足球赛门票、20 本健美操类书籍和 10 张足球赛门票、40 本健美操类书籍和 5 张足球赛门票带给该消费者的满足程度是相同的,由此可绘制出该体育消费者的无差异曲线,如图 5-1 所示。

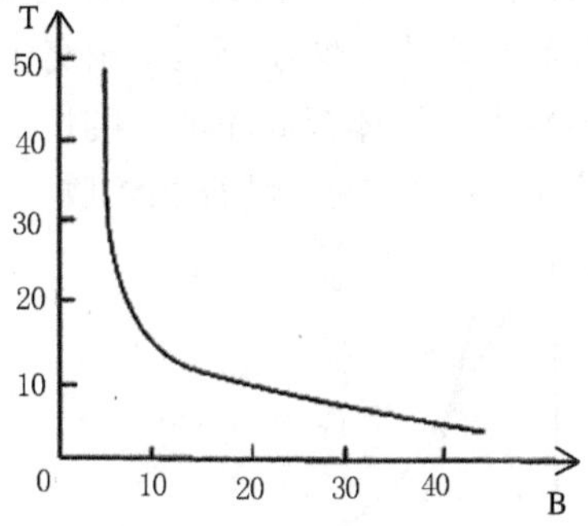

图 5-1　无差异曲线

图 5-1 中的 T 表示足球赛门票, B 表示健美操类书籍,曲线就是无差异曲线。无差异曲线上所有点的足球赛门票和健美操类书籍的组合能够带给该消费者的满足程度都是相同。

体育消费的无差异曲线具有以下特征。

第一,体育消费的无差异曲线是一条向右下方倾斜的曲线,斜率是负值。也就是说在收入和价格不变的条件下,为了使体育消费者保持最初的效用水平,增加一种体育商品的消费,就必须要减少另一种体育商品的消费,两种体育商品不能同时减少,也不能同时增加。

第二,在同一个平面上,可以同时存在无数条无差异曲线,不同的无差异曲线表示体育消费者不同的满足程度。离原点越远,满足程度就越高,如图 5-2 所示,无差异曲线 U_3 上的任意一点都能让体育消费者获得比 U_2 上的任意一点更高的满足程度,也更受体育消费者偏爱,而 U_2 上的任意一点都能让体育消费者获得比 U_1 上的任意一点更高的满足程度,也就是说,A、B、D 三点受消费者的偏好程度为 $A > B > D$。

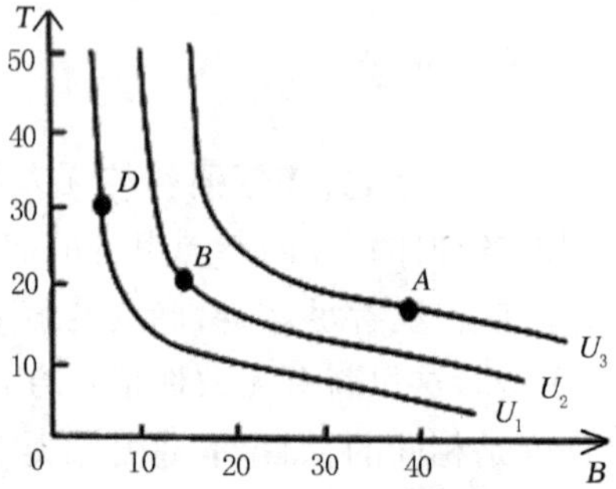

图 5-2　多条无差异曲线

第三,同一平面上的任何两条无差异曲线都不能相交,如果其中两条无差异曲线相交,就说明两条无差异曲线相交点的体育消费者满足程度是相同的。如图 5-3 所示,两条无差异曲线 U_1 和 U_2 相交于 A 点,就说明在 A 点处,体育消费者可以在不减少一种体育商品消费的情况下,增加另一种体育商品消费,获得更多的快乐,这和前两个特征相矛盾。

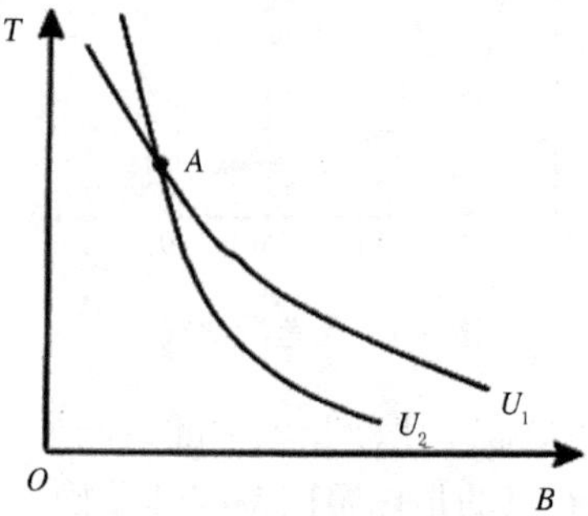

图 5-3　无差异曲线不可能相交

二、体育消费者预算约束

体育消费的无差异曲线展示的是不同体育商品的不同组合带给体育消费者相同的满足程度,从中可以看出体育消费者对体育商品不同组合的偏好。但是,无差异曲线是在不考虑收入变化和价格变化的前提下绘制的,不能解释体育消费者的所有行为。体育消费者为了达到效用的最大化,会尽可能使自己的体育消费处于距离原心最远的那条无差异曲线上,而事实上,他们的消费会受到时间、金钱、体力、收入等客观条件的限制,这就是经济学上所说的预算约束。

根据经济学上的预算约束线,假设某一体育消费者既喜欢足球赛又喜欢健美操书籍,可以绘制出该体育消费者的预算约束线,如图 5-4 所示。

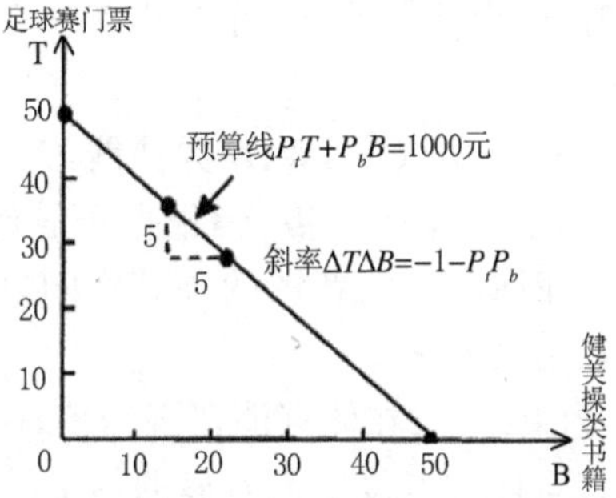

图 5-4 某体育消费者的预算约束线

图 5-4 中的 T 代表足球赛门票, B 代表健美操类书籍, P_t 代表足球赛门票价格, P_b 代表健美操类书籍价格,斜率表示足球赛门票和健美操类书籍的相对成本,其大小表明了在总支出不变的情况下足球赛门票和健美操类书籍相互替代的比率。

预算约束线是一条从左上方向右下方倾斜的线段,两端分别是 50 张足球赛门票和 0 本健美操类书籍、0 张足球赛门票和 50 本健美操类书籍所对应的点,也就是说,假设该体育消费者受收入限制,只有 1000 元预算可用于足球赛和健美操类书籍的消费,那么他最多可以买 50 张足球赛门票或买 50 本健美操书籍,预算线之内的区域则是该消费者的预算空间。

三、体育消费者选择

体育消费者的选择,表明的是体育消费者的态度。将无差异曲线和预算约束线结合起来,就可以对体育消费者的态度进行深入分析。无差异曲线和预算约束线的结合如图 5-5 所示。

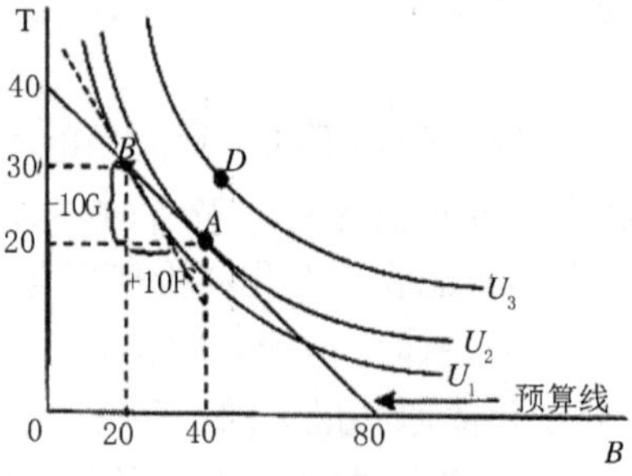

图 5-5 消费者选择

图中的三条无差异曲线 U_1、U_2 和 U_3 都是体育消费者对足球赛门票和健美操书籍偏好的不同组合，三者产生的效用大小为：$U_1 < U_2 < U_3$。要想弄明白体育消费者是如何做出选择的，就需要对这三条无差异曲线上的 A、B、D 三点进行深入分析。

根据无差异曲线的特征，*D* 点位于无差异曲线 U_3 上，其能够带给体育消费者的满足程度应该高于 *A* 点和 *B* 点，但根据预算约束线的特性，*D* 点不在预算线区域内，即不在该体育消费者的预算空间之内，受收入约束，目前不能购买，难以实现效用最大化。

B 点虽然位于预算约束线上，在体育消费者的预算空间之内，但 *A* 点也同样处于预算约束线上，而且 *A* 点位于无差异曲线 U_2 上，产生的效用比位于无差异曲线 U_1 上的 *B* 点要更大一些。也就是说，体育消费者花费同样多的钱，在 *A* 点上获得的满足程度要远高于在 *B* 点上获得的满足程度。

由此可知，和 *B*、*D* 两点相比，*A* 点能够实现体育消费者的效用最大化。也就是说，当无差异曲线 U_2 和预算约束线相交且无差异曲线的斜率（两种物品边际效用之比）和预算约束线的斜率（两种物品的价格之比）相等时，体育消费者能够实现效用最大化。

总之，体育消费者的偏好可通过无差异曲线来呈现，但是体育消费者选择则需要通过无差异曲线和预算约束线的结合来分析。而如果我们能够获得足够多的体育消费者在价格和收入变动时做出的选择的信息，就能判断其偏好。

第三节　现代体育消费水平与行为

一、体育消费水平

(一)体育消费水平的含义

所谓体育消费水平,指的是按照一定人口平均的体育消费资料的消费数量,可以用价值单位,即货币单位来表示。体育消费水平是对人们实际消费的体育消费品的数量和质量的反映,反映的是人们在一定时间范围内体育消费需要的实际满足程度。

(二)体育消费水平的影响因素

从国际视野来看,经济发达国家的体育社会化程度通常较高,人们的体育意识也比较强,因而体育消费水平也比发展中国家和经济相对落后的国家要高。发展中国家和经济相对落后的国家,体育社会化程度和人们的体育意识都比不上经济发达国家,体育消费水平则相对较低。

一定时期体育消费领域的开拓状况和发展水平既受当时社会经济发展的制约,也不可避免地会受到社会文化背景以及消费者的消费意识和消费手段影响。体育消费水平取决于社会生产力发展水平,和当时的社会经济发展状况、体育社会化程度等密切相关。以下对影响体育消费水平高低的主要因素进行具体分析。

1. 社会经济发展状况

体育消费是发展消费和享受消费,属于中高层次的消费,只有在人们收入水平足以支付生存资料且有剩余的情况下,才能得到一定的发展。所以,只有经济发展到一定层次,国民收入增长到一定程度,人们的可支配收入有所上升,体育消费水平才能得到有效提升。

通常情况下,经济发达国家的体育消费水平都比发展中国家和经济相对落后的国家要高。相关调查资料表明,在经济发达国家,人们的体育消费开支占日常生活中社会消遣和娱乐消费总开支的30%~40%。以意大利为例,早在20世纪80年代,罗马居民用于观看体育比赛的支出就已经达到了291亿里拉(约1400万美元);乌迪内市居民用于体育消费的支出更多,约8.67万里拉。再如英国,英国的人均体育消费早在2013年就已经达到了619美元。

我国是一个发展中国家,体育消费水平和经济发达国家仍存在一定差距,2015年,国家体育总局体育科学研究所对城乡居民2014年参加体育健身活动的状况进行了调查,统计了20岁以上人群不同体育消费项目的人均消费金额,如图5-6所示。虽然我国还没有权威机构对居民体育消费水平进行专门的统计,但将图中数据和英国2013年的人均体育消费进行比较,还是可以看出我国体育消费水平与发达国家之间差距。

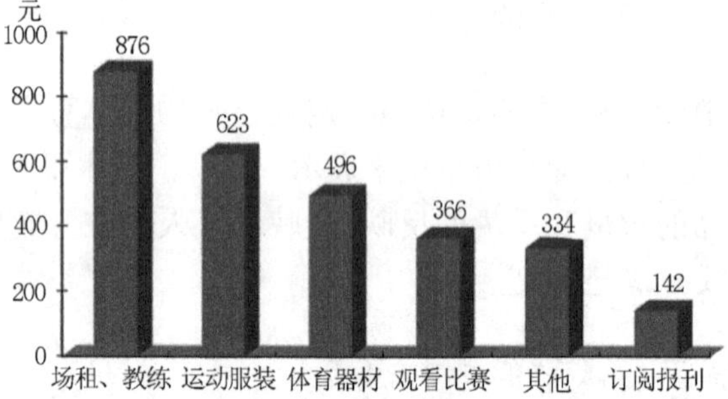

图5-6　20岁及以上人群不同体育消费项目的人均消费金额

2. 体育社会化程度

体育社会化程度高、全民体育意识强的国家,参与体育运动的人口也比较多,因而整体的体育消费水平也比较高。相关资料显示,早在20世纪90年代初,法国的各类体育俱乐部就已经有17万家之多,体育人口在总人口中的占比已经达到了73.9%,居民用于购买体育消费的支出已经达到了人均500法郎,用于体育健身娱乐服务的消费支出已经达到了409亿法郎,占到了居民消费总支出的62%。而我国直到2015年,经常参加体育锻炼的体育人口在总人口中的占比仍然不多,体育社会化程度不高,如图5-7所示。

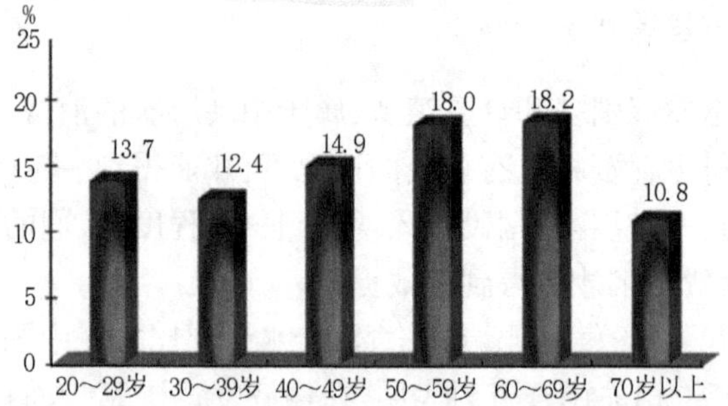

图5-7　20岁及以上人群各龄组“经常参加体育锻炼”的人数比

由此可见,除了社会经济发展状况,体育社会化程度不高也是制约体育消费水平的一个重要因素。近年来,随着"体育强国"战略的实施和大众体育的逐渐兴盛,我国的体育人口逐渐增多,体育社会化程度也在不断提升,全民的体育意识也随之不断增强,我国的体育消费水平将在经济飞速发展和体育社会化程度不断提升的背景下,实现新的飞跃。

(三)体育消费水平的衡量指标

衡量体育消费水平的定量指标主要有体育消费价值总量、体育实物消费资料的消费总量、体育服务消费资料的消费总量、闲暇时间用于体育消费的时间总量和其他指标,以下对其进行具体分析。

1. 体育消费价值总量

所谓体育消费价值总量,指的是体育消费者在一定时期内用于体育消费开支的货币总量。体育消费价值总量是对一定时期整个社会体育消费水平的衡量,所以属于综合性指标。

2. 体育实物消费资料的消费总量

所谓体育实物消费资料的消费总量,指的是体育消费者在一定时期内购买的体育实物消费资料的总量。

体育实物消费资料的消费总量既可以用体育实物消费资料的产品数量表示,也可以用价值(货币)单位表示。鉴于体育实物消费资料有各种各不同的类型,每种类型的物理性能、形态、价值量大小等也存在差异,很难正确计算出体育实物消费资料的消费总量,所以我们通常用价值(货币)单位来表示体育实物消费资料的消费总量。

体育实物消费资料的消费总量作为体育消费水平衡量指标主要有两个方面的作用。一方面,体育实物消费资料的消费总量能够反映出一定时期内社会对体育事实物消费资料的有效需求情况;另一方面,体育实物消费资料的消费总量也能够在一定程度上反映出体育相关产业在一定时期内的生产状况和有效供给情况。

3. 体育服务消费资料的消费总量

所谓体育服务消费资料的消费总量,指的是体育消费者在一定时期内购买的体育服务消费资料的总量。体育服务消费资料主要呈现为商品形式,在社会主义市场经济条件下,以商品形式呈现的体育服务消费资料也越来越多,因此我们也可以用价值(货币)单位来表示体育服务消费资料的消费总量。

体育服务消费资料的消费总量作为体育消费水平衡量指标主要有三个方面的作用;第一,体育服务消费资料的消费总量能够反映出体育服务消费资料的市场供需情况;第二,体育服务消费资料的消费总量能够在一定程度上反映出体育产业部门的生产状况;第三,体育服务消费资料的消费总量也能够反映出大众体育在全社会的普及程度。

4. 闲暇时间用于体育消费的时间总量

所谓闲暇时间,又被称为业余时间、自由时间,指的是人们除从事正常工作、满足基本生理需要的活动、必要的家务劳动、教育后代等之外用于消费产品和学习、交际、娱乐、体育等自由活动的时间。人们闲暇时间的多少,取决于人们所处社会生产力发展水平的高低,通常情况下,科学技术越进步,社会生产力水平越高,人们的闲暇时间也就越多。

闲暇时间是人们进行各种闲暇消费的重要条件,也是体育消费的前提条件。所以,我们可以将闲暇时间用于体育消费的时间总量作为量化指标,对体育消费水平进行评价与衡量。

5. 其他指标

除以上衡量指标外,年龄(老、中、青、少、幼)、职业(工人、农民、解放军、干部、教师等)、文化程度(大学、中专、高中、初中、小学等)、地区环境、家庭收入情况等也可以作为体育消费水平的衡量指标。

二、体育消费行为

体育消费行为发生的前提是体育消费者对体育功能价值有一定的认识与理解。依据这一前提,我们可以将体育消费行为定义为:体育消费行为是人们为满足自身欲望和需求对体育商品进行选择、购买、评价的心理和实体活动。体育消费行为的心理活动和实体活动的具体内容如图 5-8 所示。

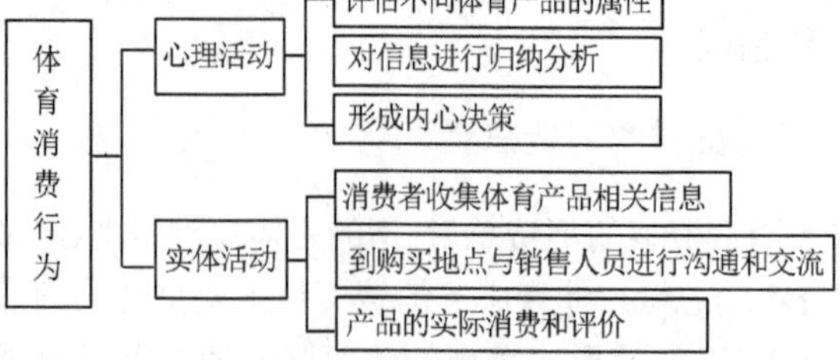

图 5-8 体育消费行为

体育消费行为是社会发展到一定阶段的产物,其产生和发展一方面需要以人们的物质生活得到满足为前提,另一方面也需要体育达到一定程度的社会化和普及化。在经济学领域,对消费行为进行深入研究的学者有很多,不同学者从不同的视角构建了各自不同的理论体系,比较著名的有霍华德—谢思的消费行为模式和恩格尔等的 EKB 模式,以下借助这两种模式对体育消费行为进行具体分析。

(一)霍华德—谢思的消费行为模式

霍华德—谢思的消费行为模式的提出者是学者霍华德,提出时间是 1963 年。1969 年,由霍华德和谢思共同修正的霍华德—谢思的消费行为模式正式形成。以下我们通过霍华德—谢思消费行为模式的四大因素对体育消费行为进行分析。

1. 刺激或投入因素

刺激或投入因素即输入变量,指的是由销售部门控制的因素,主要包括产品实质刺激因素、产品符号刺激因素、社会刺激因素三种。在体育消费中,产品实质刺激因素主要指的是体育产品的质量、价格、特征等;产品符号刺激因素主要指的是通过推销员、广告、媒体等向消费者展示和传递的体育产品的特征;社会刺激因素主要包括对体育消费行为产生影响的家庭、相关群体、社会阶层等。

2. 外在因素

外在因素即外在变量,指的是消费决策过程中的文化、个性、财力等外部影响因素。在体育消费中,影响消费者行为的外在因素主要有体育运动相关群体、体育消费者所处的社会阶层、体育消费者所面对的时间压力、体育产品自身的选择性以及文化和亚文化等。

3. 内在因素

内在因素即内在过程,指的是在刺激或投入因素和反应或产出因素之间起作用的因素。在体育消费中,体育消费者的需求动机和信息反应敏感度会影响体育消费者内心对刺激或投入因素的接受程度,而体育消费者购买欲望的强度和“学习”的结果又会对体育消费者的信息反应敏感度产生一定的影响。体育消费者在面对自己感兴趣的体育产品时,通常会表现出“认知觉醒”,而在面对自己不感兴趣的、与自己无关的体育产品时,则会显示出“认知防卫”。至于体育消费者的偏好和选择,则会受“决策仲裁规则”

的制约,即体育消费者会在根据自己的动机强度、需求紧迫度、预期欲望满足程度、对过去消费体育产品的感觉等,按照一定顺序排列各种类型的体育产品,有侧重点地进行购买决策。

4. 反应或产出因素

反应或产出因素即结果变量,指的是购买决策过程引发的购买行为,主要包括三个阶段,即认识反应阶段、情感反应阶段和行为反应阶段。在体育消费中,认识反应指的是体育消费者对体育产品的注意和认识;情感反应指的是体育消费者对满足其动机的相对能力的估计;行为反应指的是体育消费者是否购买或购买哪一种体育产品的认识程度预测和公开购买行为。

(二)恩格尔等的 EKB 模式

恩格尔等的 EKB 模式是当前消费者行为研究中较为清晰完整的理论,于 1968 年提出,并于 1984 年修正,整个模式分为中枢控制系统、信息加工、决策过程和环境四个部分,如图 5-9 所示。

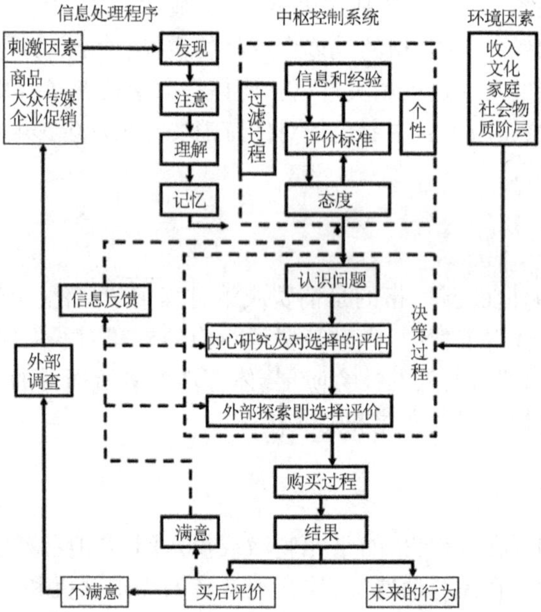

图 5-9 恩格尔等的 EKB 模式

EKB 模式重点是从购买决策过程对消费行为进行分析,根据该模式的相关理念,体育消费行为也可从体育消费者的购买决策过程进行分析。

体育消费者的购买决策过程指的是体育消费者态度形成的过程,主要包括认识需求、收集信息、方案评估、购买决策、购后行为五个阶段。认识需求即体育消费观念,是体育消费行为的内在机制,主要包括体育消费行为的目的和动机两个方面;收集信息指的是促使体育消费者发生消费行为的体育消费信息的传递、传播和收集,体育消费者所能收集到的体育消费信息主要来自体育消费者的个人资源和外界的营销资源、实验资源;方案评估即选择判断,指的是体育消费者在掌握一定的体育消费信息后对体育消费对象的质量、价格、属性等进行的对比与评价;购买决策指的是体育消费者做出购买行为的过程;购后行为指的是体育消费者在实施购买决策过程后的感觉和再次购买的态度与行为。

第六章　现代体育市场

现代体育市场的形成与发展不仅对体育产业的发展有巨大的推动作用,而且对我国经济的发展有重要的影响。本章重点对现代体育市场进行了阐述,首先对现代体育市场进行了概述,而后分别对现代体育消费市场、现代体育劳动市场和现代体育产品市场展开了具体分析。

第一节　现代体育市场概述

一、现代体育市场的概念、作用及特点

(一)现代体育市场的概念

现代体育市场有狭义和广义之分:狭义的现代体育市场主要是指买卖体育服务这种特殊消费品的场所,如体育馆、健身俱乐部等,消费者可通过支付一定的费用,直接购买体育物质产品和体育服务产品。广义的现代体育市场主要是指全社会体育服务产品交换活动及交换关系的总和。我们通常所说的体育市场主要是狭义的现代体育市场。

(二)现代体育市场的作用

现代体育市场的作用主要包括四个方面的内容:体育产品的交换作用、体育资源的配置作用、体育信息的反馈作用和体育经济的调节作用。

1.体育产品的交换作用

现代体育市场是联结体育产品供给者与需求者的重要桥梁,起着交换体育产品的重要作用。供给者通过体育市场将生产的体育物质产品和体育

服务产品销售出去,需求者通过体育市场满足自身的体育需求。体育市场不仅有效地满足了供给者与需求者双方的需求,而且有力地推动了现代体育的发展。

2. 体育资源的配置作用

所谓资源配置,主要是指通过对相关资源进行有效的分配,使原有资源发挥出更大的价值。现代体育市场对体育资源配置的作用主要表现在:在有效分配的基础上,充分利用各种体育资源,生产出更多、更好的体育产品。实践证明,发挥体育市场对资源的配置作用,不仅能够实现对体育资源的优化配置,而且能够有效地促进体育产业的发展。

3. 体育信息的反馈作用

社会主义市场经济条件下,体育产品的供求关系主要是通过市场变化表现出来的。体育市场通过信息传导和反馈功能,将体育产品的供求变化反映出来,然后体育产品供给者可根据体育市场反馈的信息调整生产与经营结构,体育产品需求者可根据反馈的信息选择购买所需的体育产品。

4. 体育经济的调节作用

体育市场是调节体育经济活动和体育产品供求关系的重要杠杆。当供求关系出现矛盾时,体育市场就会出现价格波动、竞争加剧等不利于经济活动顺利进行的情况,此时就需要发挥市场机制和价格机制的作用,对生产与消费之间的关系进行调节,使体育产品的供求关系趋于平衡,从而稳定体育市场。

(三)现代体育市场的特点

现代体育市场的特点主要有三个:全球性、季节性和波动性。

1. 全球性

经济全球化的趋势推动了现代体育朝着全球化的方向发展,而随着生产力的提高、经济的发展,体育活动由一个国家扩展到多个国家,体育市场也呈现出全球性的特点。体育市场的全球化不仅极大地满足了人们的体育需求,丰富了人们的体育活动,而且有力地推动了世界各国体育产业的发展。

2. 季节性

体育市场的季节性特点主要受季节差异的影响。比如冬季时,滑雪、溜冰等体育项目最吸引人,体育市场上与滑雪、溜冰等项目有关的体育产品供需量最大;夏季时,人们多参与游泳、跳水等水上体育运动,体育市场上与水上体育运动相关的体育产品供需量较大。因此,体育产品供给者应根据体育市场的季节性变化对生产与经营结构进行合理调整,使体育市场朝着均衡化的方向发展。

3. 波动性

受人们需求的多样性及其他多样性因素的影响,体育市场具有较强的波动性。对一个具体的体育市场而言,任何一个因素的变化都可能会引起市场的波动。比如,"非典"期间,许多大型体育赛事都被迫停止,参与体育活动的人数也直线下降,体育产业深受重创。

二、现代体育市场结构

(一)完全竞争的体育市场

所谓完全竞争的体育市场,主要是指由众多体育参与者和体育生产经营者组成的体育市场。完全竞争的体育市场结构的形成需要具备四个条件:第一,存在众多彼此有竞争关系的体育参与者和体育生产经营者,并且这些体育参与者和生产经营者所买卖的体育产品在体育市场中所占的份额不多;第二,体育生产经营者生产的体育产品完全相同;第三,体育市场中的各生产要素处于完全自由流动的状态;第四,体育参与者和体育生产经营者能够获得充足的市场信息。

完全竞争的体育市场条件下,价格对于体育产品的厂商来说是既定的,所以平均收益和边际收益总是相等的,图 6-1 是完全竞争的体育市场中厂商的收益图。

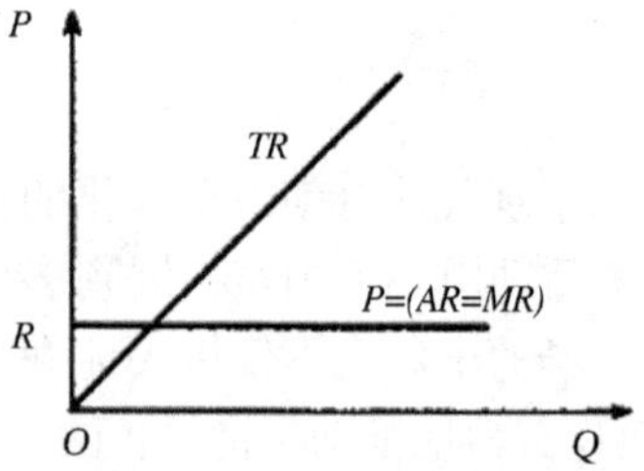

图 6-1　完全竞争的体育市场中厂商的收益

注:*P* 表示价格;*Q* 表示数量;*R* 表示利率;*AR* 表示平均收益;*MR* 表示边际收益;*TR* 表示总收益

(二)垄断竞争的体育市场

垄断竞争的体育市场主要是指既有垄断又有竞争的体育市场,是一种处于完全垄断的体育市场与完全竞争的体育市场之间的市场。

垄断竞争的体育市场有两个特点,即竞争性和垄断性。竞争性主要表现在三个方面:第一,体育市场中经营同类体育产品的经营者较多,但这些经营者所经营的体育产品总量在体育市场中所占的份额不多,个体经营者无法操纵市场;第二,体育市场经营者可以自由出入体育市场;第三,不同体育产品的生产经营者所生产、经营的体育产品有一定的差异,如质量、包装等。垄断性也有三个方面的表现:第一,不同国家或地区体育资源的不同,使体育产品各有其特性,而体育产品之间的差异性在一定程度上形成了体育产品的垄断性;第二,受国家、政府政策与方针的影响,某些地区也会形成对某些体育产品的垄断;第三,受不同的非经济因素的制约,体育参与者无法完全自由选择体育产品,在一定程度上导致体育产品垄断性的出现。

垄断竞争的体育市场条件下,由于受到产品之间差异性的影响,体育产品的厂商不仅是单纯地接受价格,还能够影响价格。比如,当体育厂商减少或增加某类体育产品生产的数量时,由于消费者对这类体育产品的偏好是相对稳定的,所以体育厂商可以适当地提高或降低产品的价格。在这种情况下,体育厂商的平均收益和边际收益不再相等,图 6-2 是垄断竞争的体育市场条件下的平均收益和边际收益曲线图。从图中我们能够发现,平均收益和边际收益都呈下降的趋势,而且边际收益始终低于平均收益。

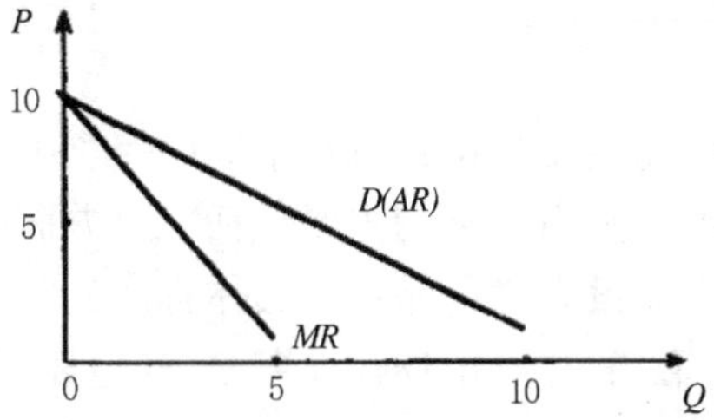

图 6-2　垄断竞争条件下的平均收益和边际收益曲线

注:*P* 表示价格;*Q* 表示数量;*AR* 表示平均收益;*MR* 表示边际收益

(三)寡头垄断的体育市场

所谓寡头垄断的体育市场,主要是指在体育市场中少数体育生产经营者控制了绝大部分的体育产品供给的市场。这些体育产品的生产经营者在行业中占有很大的份额,任何一家的体育产品生产数量与产品价格的变动都会对整个体育市场造成一定的影响。

在寡头垄断的体育市场条件下,各体育产品的生产商所生产的产品几乎完全一样,如果某一生产商单独降低产品的价格,而其他生产商未做出反应,那么他们产品的销售量就会受到严重影响;而如果其他生产商同样采取降低价格的措施,那么结果必然是两败俱伤。所以,这些寡头垄断的厂商通常会相互依赖、"取团保暖",通过谋求共同的产品价格来获取最大的经济效益。

在共同改变价格的条件下,体育产品生产商所生产产品的数量与制定的价格如图 6-3 所示。从图中我们能够看出,当体育产品的生产商将产品产量调整到 *MR* 和 *MC* 相交时,能够获得最大的经济收益。在均衡点 *E* 上,体育产品生产商的 *AR* 为 cq,*AC* 为 Gq,且平均收益大于平均成本,生产商获得超额利润 CPHE。

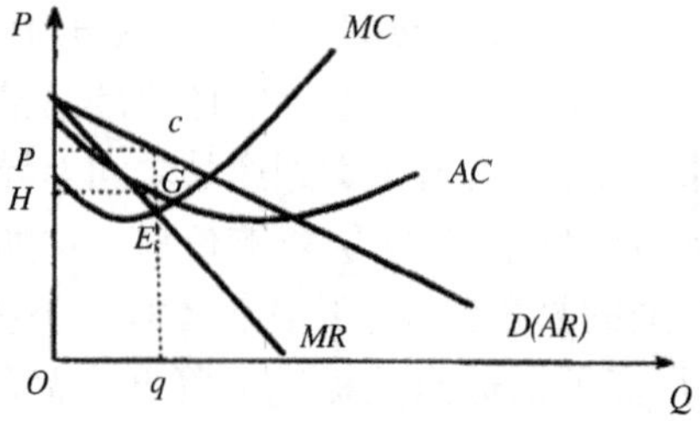

图 6-3 寡头垄断厂商的产量和价格决策

注:*MC* 表示边际成本;*AC* 表示平均成本;*AR* 表示平均收益;*MR* 表示边际收益。

(四)完全垄断的体育市场

完全垄断的体育市场主要是指在体育市场中完全由一家体育生产经营者控制产品供给的市场。其市场结构主要包括三个方面的内容:第一,体育生产经营者所提供的产品没有替代品;第二,体育产品的生产数量与价格由体育生产经营者控制;第三,体育市场存在壁垒,其他经营者无法进入。

1. 完全垄断的体育市场的形成原因

完全垄断的体育市场的形成主要包括四个方面的原因:竞争引起垄断、体育资源垄断导致垄断、生产技术上的专利引起垄断、政府政策造成垄断。

(1)竞争引起垄断。

在生产经营方面,规模大、技术高、资本充裕的大厂商往往通过降低生产成本、降低产品价格、提高产品质量等方式,占据市场核心地位,进而击败竞争对手。当大厂商所生产的体育产品基本上能够满足市场需求时,其在竞争中就取得了垄断地位。

(2)体育资源垄断导致垄断。

当某一厂商控制了某种相对特殊的体育资源时,其也就控制了相应体育产品的基本资源供给。在这种情况下,即使其他的厂商拥有生产相应体育产品的能力,也往往会因为无法取得相应的生产要素而不能进入该行业。

(3)生产技术上的专利引起垄断。

当某一厂商取得了生产某种体育产品的技术专利权时,其他厂商受专利期限的影响,无法进行相应体育产品的生产,那么这一厂商就会在专利期内取得垄断地位。

(4)政府政策造成垄断。

受政府政策的影响,某一厂商在某种体育产品的生产经营方面拥有一定的特权,使得这一厂商因独家经营相应的产品而取得垄断地位,甚至成为垄断企业。

2. 完全垄断的体育市场的收益

在完全垄断的体育市场条件下,一家厂商就代表了整个行业,所以,垄断厂商可以根据市场上相应体育产品的供需状况来决定体育产品的价格。在这种情况下,垄断厂商的需求曲线就是整个行业的需求曲线,此时的需求曲线表明体育产品的需求量与价格成反比。此外,因为垄断市场中市场需求曲线就是平均收益价格线,所以垄断厂商的平均收益曲线与需求曲线是完全重合的。但是,完全垄断市场条件下,垄断厂商的平均收益和边际收益会随着商品销量的增加而递减,而且边际收益的递减幅度会更大,所以,垄断厂商的平均收益不等于边际收益,边际收益是始终低于平均收益的,具体如图 6-4 所示。

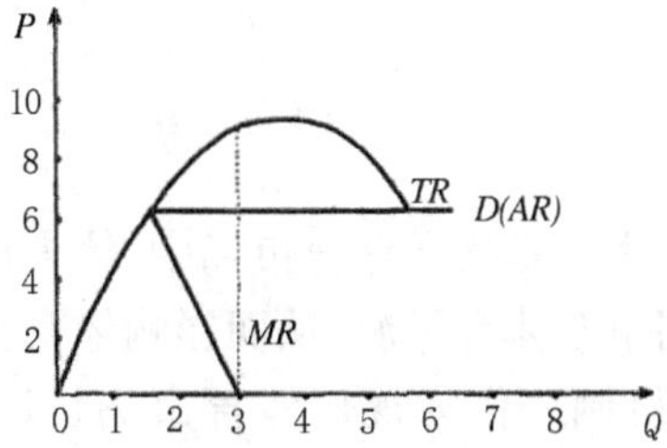

图 6-4 完全垄断的体育市场中厂商的收益

注:*AR* 表示平均收益;*MR* 表示边际收益;*TR* 表示总收益。

从图 6-4 中我们能够看出,在完全垄断的体育市场条件下,垄断厂商总收益的波动与体育产品的需求弹性密切相关。当需求弹性大于 1 时,总收益随产量的增加而递增;当需求弹性等于1时,总收益达到极限;当需求弹性小于1时,总收益随产量的增加而递减。

三、现代体育市场机制

(一)体育市场机制的概念

所谓体育市场机制,是指体育市场运行的实现机制,主要包括四个方面的内容:体育供求机制、体育产品价格机制、体育竞争机制和体育风险机制。

1. 体育供求机制

体育供求机制是指体育供给和体育需求之间通过竞争而形成的内在联系和作用形式,它主要有三个方面的作用:第一,反映体育经济运行的内在矛盾和市场上供求双方的变化态势,为调节市场供求的平衡提供指示和方向;第二,实现社会经济资源的合理配置;第三,为国家宏观调控体育经济资源提供良好的机制平台,有助于体育产业的发展。

2. 体育产品价格机制

体育价格机制是体育经济运行的重要机制,它不仅是体育产品交换的重要媒介,还是衡量体育生产经营者生产和经营体育产品的劳动耗费量的杠杆。体育产品价格机制的作用主要表现在三个方面:对体育参与者而言,体育产品价格机制是调节消费需求规模与结构的重要信号;对体育生产经营者而言,体育产品价格机制是调节生产体育产品数量与调整产品结构的重要信号;对政府而言,体育产品价格机制能够为其进行宏观调控提供必要的信息。

3. 体育竞争机制

所谓体育竞争机制,主要是指在体育市场中,体育产品生产经营者为了获取最大利益,彼此之间争夺体育资源,从而影响体育相关产品的供求关系和体育资源配置的重要机制。作为现代体育市场机制的重要组成部分之一,体育竞争机制与体育供求机制、体育产品价格机制相互依赖、相互作用。

4. 体育风险机制

体育风险机制主要是指体育经济活动与盈利、亏损之间相互联系、相互作用的运作形式。作为体育市场机制的基本要素之一,体育风险机制对体育产品生产经营者会形成一种无形的强制力量,促使他们积极改进生产技术、提高产品质量、完善经营管理结构等,从而提高自身的市场竞争力,获取更多的经济效益和社会效益。

(二)体育市场机制的特征

体育市场机制的特征主要包括四个方面的内容:体育市场机制的客观性、体育市场机制的关联性、体育市场机制的滞后性以及体育市场机制的局限性。

1. 体育市场机制的客观性

体育市场机制的客观性主要表现在其发挥功能的条件是客观的。当具备某一条件时,体育市场机制的功能就能够发挥出来;而不具备这一条件时,体育市场机制的功能就无法发挥出来。比如,体育产品价格机制功能发挥的条件是体育产品价格围绕价值上下波动,但如果产品价格不能自由变动,价格机制就无法发挥其应有的功能。

2. 体育市场机制的关联性

体育市场机制的关联性主要表现在两个方面:一方面,体育市场机制功能的发挥会受到一定环境条件的影响;另一方面,体育市场机制功能的发挥还与其自身的各种内在因素密切相关。比如,体育市场上供求关系的变化会引起产品价格的涨落,而价格的变化会影响企业利润的变化,利润的变化又会加剧市场竞争,进而又影响产品的供给。体育市场机制的关联性要求我们要将体育市场的各种机制有机结合在一起,从而发挥它们的整体功能。

3. 体育市场机制的滞后性

体育市场机制的滞后性主要表现为体育市场所反映的供求情况通常是滞后于实际情形的,而在此基础上所采取的相关措施也有一定的滞后性。因此,要想充分发挥体育市场机制的功能,就要做好两个方面的努力:第一,努力完善市场体系;第二,努力健全市场信号系统。

4. 体育市场机制的局限性

体育市场机制的局限性主要包括两个方面的内容:第一,体育市场机制的自发性和盲目性会使体育资源的配置出现一定程度的浪费和破坏;第二,过分依赖体育市场机制,会引起市场运行的无序化,对体育产业的发展造成不利的影响。

第二节　现代体育消费市场

一、现代体育消费概述

这里分别从体育消费的概念和意义、体育消费的分类、体育消费的特点以及影响体育消费市场开发的因素四个角度出发，对现代体育消费进行概述，具体内容如下。

（一）体育消费的概念和意义

1. 体育消费的概念

体育消费主要是指日常生活中人们在体育方面的消费，既包括购买物质性体育产品（如运动器械等）的消费，又包括购买非物质性体育服务产品（如观看体育表演、比赛等）的消费。体育消费主要包括三个层面的内容：第一，消费主体是具有消费能力的人；第二，消费是主体（人）对客体（物）的行为依赖关系；第三，消费具有目的性。

2. 体育消费的意义

体育消费有三个方面的意义：促进社会经济增长、实现体育产品价值、丰富人们生活。

（1）促进社会经济增长。

作为体育经济活动的重要组成部分，体育消费对社会经济的发展具有巨大的促进作用：第一，体育消费有助于提高人们的身心素质、开发人们的智力，在一定程度上能够提高社会的劳动生产率；第二，体育消费在一定程度上能够保证体育产业再生产的顺利进行，在推动体育产业自身发展的同时，有效地促进社会经济的增长；第三，体育消费的发展能够有效地带动体育相关产业的发展，为社会经济的发展提供一定的支持。

（2）实现体育产品价值。

体育消费是实现体育产品价值的重要条件，生产出来的体育产品只有被消费了，才能实现其自身的价值。如果没有体育消费，就不会存在体育产品的消费市场，体育经济活动也就难以进行，体育产品的价值更无从体现。

(3)丰富人们生活。

随着经济的发展和社会的进步,人们的消费理念发生了巨大的变化,体育消费在人们生活中扮演的角色越来越重要。通过体育消费,人们不仅能够观看体育比赛、体育表演等相对专业的体育活动,还可以直接参与体育活动。形式多样的体育活动,不仅丰富了人们的生活内容,而且提高了人们的身心素养和生活质量。

(二)体育消费的分类

根据不同的分类方式,体育消费可以被分为不同的类型。这里主要从体育消费主体、体育消费层次、体育消费的外在表现形式以及体育消费品的不同功能四个角度对体育消费进行分类。

1. 按体育消费主体分类

按体育消费主体的不同,可将体育消费分为个人体育消费和家庭体育消费两大类。其中,个人体育消费主要是指个体为了满足自身发展需求而进行的体育消费,包括体育物质产品消费和体育服务产品消费;家庭体育消费主要是指以家庭为单位的体育消费,包括物质消费和精神消费两大类。

2. 按体育消费层次分类

按体育消费层次的不同,可将体育消费分为生存消费、享受消费和发展消费三大类。其中,生存消费主要是指对基本生活资料的消费,享受消费需要通过对各种享受资料的消费来实现,发展消费需要通过对各种发展资料的消费来实现。需要注意的是,这三个不同层次的体育消费之间没有明确的界限,在体育活动过程中往往是联系在一起的。一般情况下,在满足消费者生存需要的同时,也要满足他们的享受需要和发展需要;在满足消费者享受需要和发展需要的过程中,还有认真考虑对他们生存消费的满足。

3. 按体育消费的外在表现形式分类

按体育消费的外在表现形式,可将体育消费分为实物消费和体育服务消费两大类。其中,体育实物消费主要是指对有形体育物质产品的消费,如运动器械、运动服饰等;体育服务消费主要是指对非物质性体育服务产品的消费,如观看体育比赛、表演等。

4. 按体育消费品的不同功能分类

按体育消费品的不同功能,可将体育消费分为观赏型体育消费、实物型体育消费和参与型体育消费三大类。其中,观赏型体育消费主要是为了满足消费者的视觉需求,如观看体育比赛、体育表演等;实物型体育消费主要是指消费者对实物消费资料的消费,如购买运动服装,运动器械等;参与型消费主要是指消费者们对体育服务消费资料的消费,如参与体育锻炼等。

(三)体育消费的特点

1. 体育消费的综合性

体育消费的综合性主要包括两个方面的内容:第一,从体育消费活动的对象来看,体育消费活动是一种集体育实物消费和体育服务消费为一体的消费活动,为了满足自己的体育需求,消费者必须依赖于某种体育产品或者体育服务产品。第二,从体育消费的构成来看,体育消费既包括对以实物型体育产品为代表的直接要素的消费,也包括对体育活动中衣、食、住、行等间接要素的消费。所以,体育消费是一种综合性的消费活动。

2. 体育消费的变动性

作为一种层次相对较高的消费活动,体育消费在体育产品的种类、需求等方面存在较大的变动性。影响体育消费变动性较大的原因主要表现在两个方面:一方面,受性别、年龄、兴趣、爱好等个人因素的影响,消费者对体育产品的种类、质量等的需求程度不同;另一方面,社会经济的发展水平、消费者的可支配收入以及风俗习惯等社会因素,也会对体育消费的数量与质量产生巨大的影响。因此,体育消费具有较大的变动性。

3. 体育消费的互补性

体育消费是一种综合性的消费活动,体育产品消费的完成需要与其他项目的消费结合在一起。比如,体育参与者打排球,除需要购买排球外,还需要购买护具、绷带等附带品,甚至有时候还需要租赁场地等。这就要求体育相关部门与体育企业之间要加强联系、密切配合,从而获取更好的经济效益。

(四)影响体育消费市场形成的因素

体育消费市场的形成与消费者的购买能力和消费需求密切相关,只有当消费者具备一定的购买能力,并对体育产品产生一定的需求后,体育消费市场的形成才开始起步。具体来说,影响体育消费市场形成的因素主要包括五个方面的内容：第一，社会经济的发展水平，这是影响体育消费市场形成的决定性因素；第二，消费者的可支配性收入，这是影响体育消费市场形成的直接因素；第三，消费者的闲暇时间，这是影响体育消费市场形成的关键因素；第四，消费者的消费观念，这是影响体育消费市场形成的重要因素；第五，体育基础设施、体育服务水平等对体育消费市场的形成也有重大影响。

二、现代体育消费方式

（一）体育消费方式的概念

体育消费方式主要是指人们在体育活动中消费体育实物型产品与体育服务产品的方法和形式。具体来说，作为人们生活方式整体系统中的一个重要组成部分，体育消费方式的内涵主要由体育消费意识、体育消费能力、体育消费结构和体育消费习惯四个相互关联的方面构成。

1. 体育消费意识

体育消费意识主要由两部分构成：体育消费观和体育消费心理。体育消费意识是影响体育参与者进行体育消费的重要因素，一般情况下，体育消费观为体育参与者的体育活动和体育消费提供相应的消费模式，而体育消费心理则直接影响着体育参与者的体育消费动机和体育消费行为的产生。

2. 体育消费能力

体育消费能力主要是指体育参与者在体育活动中对体育实物型产品和体育服务产品的购买能力。体育消费能力由两部分构成：体育自然消费能力和体育社会消费能力。其中，体育自然消费能力是指体育参与者为了满足自己生理上的需求而对体育产品的消费能力，主要包括对体育活动中衣、食、住、行的消费能力；体育社会消费能力是指体育参与者为了满足自己精神方面的需求而对体育产品产生的消费能力，主要包括对观看体育比赛、体育表演等的消费能力。

3. 体育消费结构

所谓体育消费结构，主要是指体育参与者对不同类型体育产品消费的比例关系，它不仅反映了人们对不同类型体育产品的消费比例情况，还反映了体育消费的水准与质量。通常来说，体育消费结构主要包括三个方面的内容:第一,生存消费、享受消费与发展消费的比例关系;第二,个人消费、家庭消费与社会消费的比例关系;第三,实物型体育产品消费与体育服务产品消费的比例关系。

4. 体育消费习惯

体育消费习惯通常是指在一定条件下形成,并经常出现的体育消费行为。受多种因素的影响,不同国家、地区、民族的体育消费习惯之间有着明显的区别。比如,我国北方冬季滑雪、溜冰等体育消费比重最高,南方夏季水上体育项目的消费比重最高;蒙古族民众多参与对马术等体育活动的消费,傣族民众多参与对划船等体育活动的消费。

(二)影响体育消费方式的因素

影响体育消费方式的因素主要有四个,分别是人们的收入水平、体育参与者的构成、体育产品的质量以及体育产品的价格。具体分析如下。

1. 人们的收入水平

收入是消费的前提,只有当人们具备一定的经济能力时,才会进行额外的体育消费活动。通常来说,人们的收入水平越高,将体育需求转化为体育消费的意愿就会越强。所以,人们的收入水平不仅影响体育消费水平,还影响对体育需求满足的程度,进而影响人们的体育消费方式。

2. 体育参与者的构成

受性别、年龄、职业等因素的影响,体育参与者的体育消费方式也有较大的差别。比如,老年人对休闲性体育产品的消费较高,青年人对娱乐性体育产品的消费较高,而健美消费在女性的体育消费中所占比重较高。

3. 体育产品的质量

体育产品质量的高低对体育消费方式的影响是直接的,在日常体育活动中,人们通常会选择质量更高、使用价值更大的体育产品。因此,体育产品的生产经营者要注重体育产品的质量。一般情况下,体育产品的质量主要包括两个方面的内容:一方面,体育产品要符合物美价廉的要求;另一方面,体育服务要高质高量、主动周到。

4. 体育产品的价格

体育产品价格的变动也会影响人们的体育消费方式。比如,当体育产品的价格上涨幅度较大时,人们会把对体育产品的消费转向对其他替代品的消费。相反,如果体育产品的价格下跌幅度较大,人们就会加大对体育产品的消费。

(三)体育消费方式的合理化

简单来说,体育消费方式的合理化即体育消费从不合理的状态逐步走向合理化的状态。一般情况下,要实现体育消费方式合理化的目标,必须满足以下几个要求。

1. 体育消费水平逐步上升

体育消费是人们生活的重要组成部分,消费水平的逐步上升不仅能够为消费者提供一个更加舒适、健康、新颖的消费环境,而且有助于提高消费者的文化素养。在一个体育活动内容更加丰富、形式更加多样的体育消费环境中,人们的消费方式会朝着更加合理的方向发展。

2. 体育消费结构不断完善

体育消费结构的完善主要是指体育消费内容更加丰富,体育消费方式更加多样化,它是体育消费方式合理化的重要因素。具体来说,体育消费的内容和方式要满足两个方面的要求:第一,必须满足消费者缓解疲劳、锻炼身体等物质需求;第二,必须满足消费者愉悦心理、修身养性等精神需求。

3. 体育消费的设施环境良性发展

良好的体育设施环境是体育消费顺利进行的重要条件。消费者参与体育活动最重要的目的就是追求健康、娱乐享受以及需求个体的发展,所以,合理的体育消费必须建立在设施环境良性发展的基础上。此外,合理的体育消费方式还应该通过体育活动的开展,在丰富人们体育生活的同时,增强人们对体育设施的保护意识,从而促进体育消费的设施环境朝着更加良性的方向发展。

三、现代体育消费效果

(一)体育消费效果的概念

体育消费效果主要是指体育参与者在体育活动过程中对体育消费的投

入与产出之间的比例关系。按照不同的分类标准,可将体育消费效果分为不同的类别。

1. 按体育消费的研究对象分类

按体育消费研究对象的不同,可将体育消费效果分为宏观体育消费效果和微观体育消费效果两大类。其中,宏观体育消费效果是从社会的角度出发,研究体育产品的价值与使用价值,具体包括三个方面的内容:第一,分析体育消费的状况;第二,分析消费者对体育产品的满意程度;第三,分析体育消费对社会经济发展的作用。微观体育消费效果是从个体的角度出发,研究体育消费给消费者带来的物质上和精神上的满意程度。

2. 按体育消费的关联程度分类

按体育消费的关联程度的不同,可将体育消费效果分为直接体育消费效果和间接体育消费效果两大类。其中,直接体育消费效果主要是指消费者通过购买一定的体育产品或体育服务,直接获得的某种体育消费效果,如消费者花钱参与体育健身训练,会获得相应的健身指导和服务等;间接体育消费效果主要是指消费者通过购买一定的体育产品或体育服务,间接获得的某种体育消费效果,如消费者通过观看体育比赛或体育表演,获得精神上的愉悦等。

(二)体育消费效果的衡量

一般情况下,我们可以通过分析消费者的体育消费支出来衡量体育消费效果。消费者的体育消费支出指标主要包括体育消费总额、人均体育消费额、体育消费率、体育消费构成。

1. 体育消费总额

体育消费总额,主要是指在一定时期内,消费者在体育活动过程中所消费的总资金。体育消费总额主要是从价值形态方面反映消费者的体育产品消费总量。由于体育产业是一个涉及众多行业、企业的综合性产业,因此通常会采用抽样调查与常规统计相结合的方法来计算体育消费总额。

2. 人均体育消费额

人均体育消费额,主要是指在一定时期内,消费者在参与体育的过程中,平均每个消费者所支出的货币金额。通过对人均体育消费额进行分析,不仅能够了解某一时期、某一地区整体的消费水平，而且能够为体育市场的开拓提供有效的依据。人均消费额的计算多采用抽样调查的方法。

3. 体育消费率

体育消费率，主要是指在一定时期内，消费者的体育消费支出同消费支出总额的比例。体育消费率主要是从价值角度反映一定时期内消费者参与体育消费的强度与水平。

4. 体育消费构成

体育消费构成，主要是指在一定时期内，消费者在体育活动过程中，对衣、食、住、行等方面的消费。对体育消费构成进行分析，一方面能够有效地反映消费者的消费状况与特点，另一方面能够为体育资源的合理配置、体育产品的优化组合等提供科学的依据。

第三节 现代体育劳动市场

一、体育劳动市场的一般理论

（一）体育劳动的供给

在体育劳动市场，体育劳动的价格主要由需求与供给决定。运动员为了发挥最大价值，职业队为了获取最大利益，均会采取不同的策略。双方之间的相互关系决定了体育劳动市场的发展情况。

在商品市场中，需求来自个人，供给来自厂商。而在体育劳动市场，需求来自运动队，供给来自运动员。具体来说，体育劳动由运动员供给，资金由资本家供给，体育场馆由其所有者供给，教练才能由教练供给。

图 6-5 是体育劳动的供给曲线。从图中我们能够发现，体育劳动的供给量随着劳动要素价格的提高经历了一个先增后减的过程。当工资开始提高时，体育劳动的供给量逐步增加；当体育劳动供给量增加到 T 时，其会随着工资的继续增长而逐步减少。劳动供给曲线的向后弯曲主要是由运动员淘汰率高导致的，当工资开始提高时，多数运动员有意愿也有能力增加劳动

供给,因此体育劳动供给量会随着工资的提高而逐步增加;当工资提高到T时,只有部分运动员有能力提供相应的劳动,因此体育劳动供给量会随着工资的提高而逐步减少。

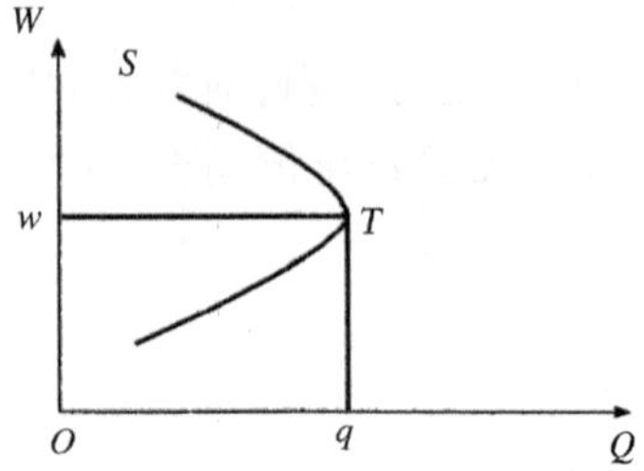

图 6-5 体育劳动的供给曲线

(二)体育劳动的需求

1. 体育劳动需求的特殊性

相较于对其他商品的需求,对体育劳动的需求有两方面的特殊性,具体分析如下。

(1)对体育劳动的需求是一种派生需求。

所谓派生需求,是指由消费者对最终产品的需求所引起的运动队对体育劳动的需求。运动队购买体育劳动的最终目的是满足消费者的需求,从而获取最大的经济效益。

(2)对体育劳动的需求是一种联合需求。

所谓联合需求,是指在生产体育产品的过程中,由多种生产要素共同形成的需求。比如,生产体育器材不仅需要劳动力要素,还需要资本要素等。

2. 影响运动队对体育劳动需求的因素

影响运动队对体育劳动需求的因素主要有三个:第一,市场对体育产品的需求以及体育产品的价格。当市场对某种体育产品的需求量较大时,该体育产品的价格就会提高,运动队也会增加对该体育产品的生产,以获取更多的利润。第二,运动技术状况。运动技术水平高,运动队对体育劳动的需求量大;运动技术水平低,运动队对体育劳动的需求量小。第三,体育劳动的价格。体育劳动价格高,运动队会减少对这种体育劳动的需求;体育劳动价格低,运动队会增加对这种体育劳动的需求。

（三）体育劳动的工资决定

1. 完全竞争条件下体育劳动的工资决定

工资是使用劳动时所支付的价格。在完全竞争的体育劳动市场中，体育劳动的需求曲线是一条呈反比关系的曲线，随着工资的降低，体育劳动的需求量呈逐步增长的趋势，如图 6-6 所示；体育劳动的供给曲线如图 6-5 所示。

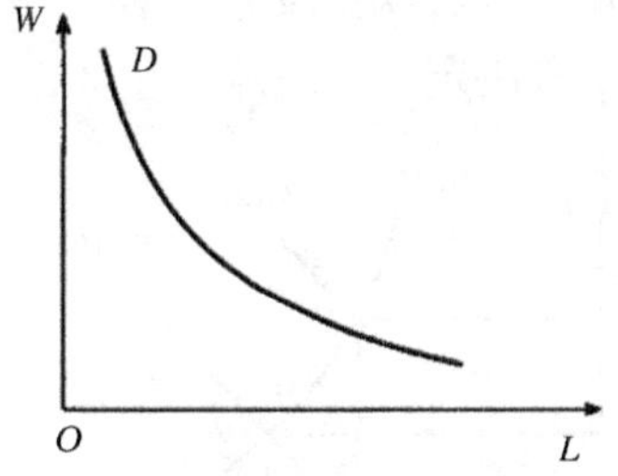

图 6-6　体育劳动的需求曲线

在完全竞争的体育劳动市场中，工资水平主要由体育市场的劳动需求和供给决定。将体育劳动的供给曲线与需求曲线结合在一起，就能够得出体育劳动市场的均衡点，进而决定均衡劳动价格和均衡劳动数量。图 6-7 为完全竞争条件下体育劳动市场的均衡图。

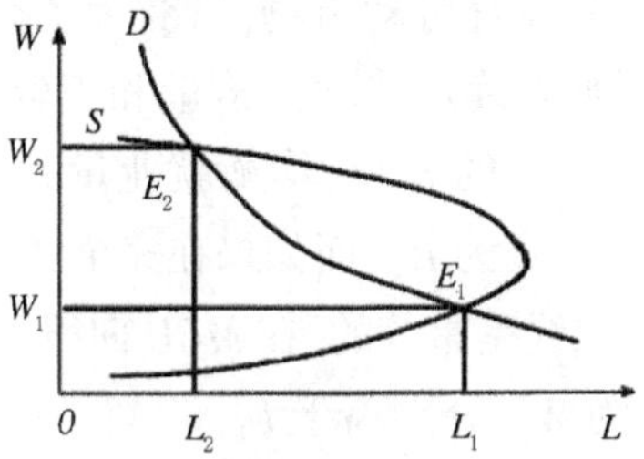

图 6-7　完全竞争条件下体育劳动市场的均衡

从图 6-7 中我们可以看出，体育劳动供给曲线 S 与体育劳动需求曲线 D 会相交形成两个均衡点 E_1 和 E_2。当相交于 E_1 时，均衡劳动价格为 W_1，均衡劳动数量为 L_1；当相交于 E_2 时，均衡动价格为 W_2，均衡劳动数量为 L_2。其中，W_2 大于 W_1，L_1 大于 L_2，这表明工资大大提高后，体育劳动的供给量会呈现逐步减少的趋势。

2. 买方垄断条件下体育劳动的工资决定

买方垄断的体育市场主要是指体育产品厂商的数量极少，而体育劳动者的数量庞大的市场。在买方垄断条件下，体育劳动的工资主要受体育厂商雇用劳动的数量的影响。

当买方垄断体育劳动市场只有唯一的雇主时，那么这一家厂商就代表了整个行业，它所呈现的劳动供给曲线也就是整个行业的劳动供给曲线。此时的劳动供给曲线是一条自左向右上方倾斜的曲线，这表明这一家厂商要想获取更多的体育劳动供给量，就要支付给体育劳动者更高的工资。图6-8为买方垄断条件下的工资决定。

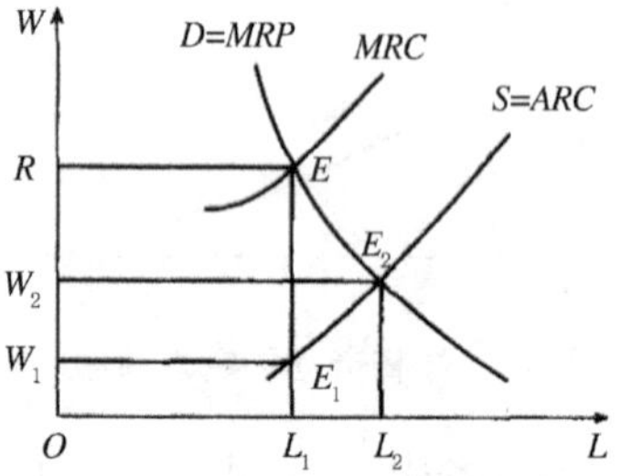

图 6-8 买方垄断条件下的工资决定

注：*MRP* 表示边际产量收益；*MRC* 表示边际要素成本；*ARC* 表示平均要素成本。

图6-8中横轴为劳动供给量，纵轴为工资率，D 为劳动需求曲线，S 为劳动供给曲线。在买方垄断的体育劳动市场，厂商为了获取最大的经济效益，会按照“$MRP=MRC$”的原则来确定劳动供给量和工资率。在边际产量收益曲线与边际要素成本曲线相交的 E 点，均衡就业量为 L_1。按照劳动供给曲线，在 L_1 处，厂商所支付的工资为 R。而如果在完全竞争的劳动市场条件下，D 曲线与 ARC 曲线、MRC 曲线是重叠的，在 MRP 曲线与它们相交的 E_2 点，均衡就业量为 L_2、均衡工资为 W_2，分别高于 L_1 和 W_1。这说明在其他条件不变的情况下，垄断厂商通常会通过减少劳动力的雇用量和支付较低的工资来获取最大的经济效益。在这样的情况下，不仅劳动者的工资收入要远远低于他们所创造的边际收益产量，劳动者的就业机会也被大幅削减。

3. 卖方垄断条件下体育劳动的工资决定

在体育劳动市场中，不仅买方能够影响市场的运转，卖方也能够影响市场的运转，这里的卖方主要是指运动员工会。体育劳动者通过运动员工会与运动队形成对话，在讨价还价的过程中形成卖方垄断的体育市场。

在卖方垄断的体育市场条件下，运动员工会通常会采用限制体育劳动的供给量和增加对体育劳动的需求量这两种方法来提高劳动者的工资。

（1）限制体育劳动的供给量。

运动员工会通常会采用两种方法来限制体育劳动的供给量，以提高劳动者的工资，其一是限制非注册运动队会员的受雇和使用，其二是建立运动员技术级别机制。图6-9为限制体育劳动的供给量图。

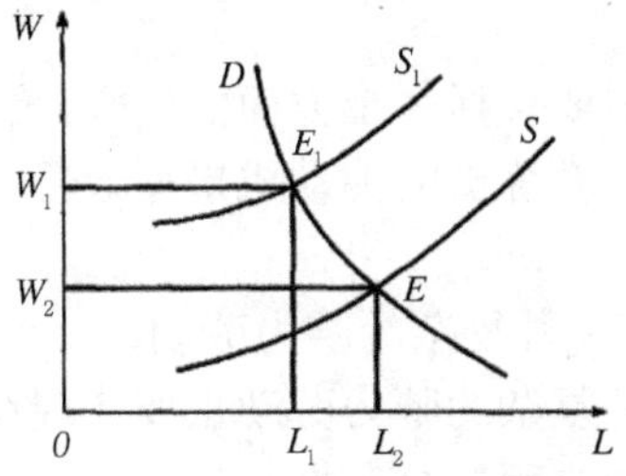

图6-9　限制体育劳动的供给量

当体育劳动供给曲线 D 与需求曲线 S 相交于 E 点时，均衡工资率为 W_2、均衡就业量为 L_2。但运动员工会认为此时的工资过低，便采取限制劳动供给量的方法，使劳动供给曲线 S 上升为劳动供给曲线 S_1，此时的均衡工资率为 W_1、均衡就业量为 L_2，工资有了明显的提高。

（2）增加对体育劳动的需求量。

在劳动供给不变的情况下，运动员工会往往会通过扩大出口的方法来增加体育劳动的供给，这不仅能够增加对体育劳动的需求量，而且能够提高劳动者的工资收入。图6-10为增加对体育劳动的需求量图。

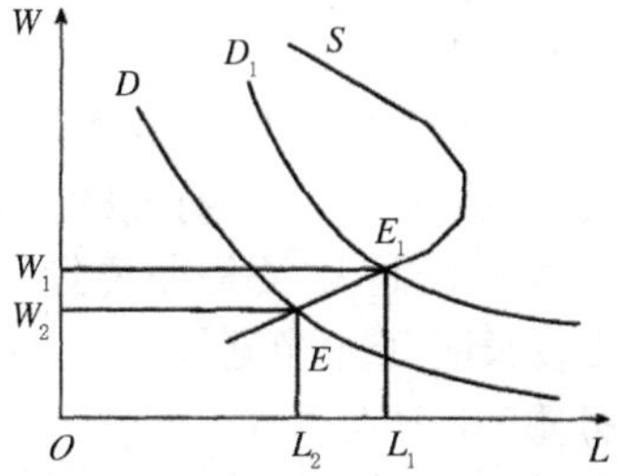

图6-10　增加对体育劳动的需求量

当体育劳动供给曲线 D 与需求曲线 S 相交于 E 点时，均衡工资率为 W_2、均衡就业量为 L_2。但运动员工会认为此时的工资过低，便采取增加对体育劳动需求量的方法，使劳动供给曲线 D 上升为劳动供给曲线 D_1，体育劳动供给曲线 D_1 与需求曲线 S 相交于 E_1 点，此时的均衡工资率为 W_1、均衡就业量为 L_1，明显高于原来的工资水平和就业量。

二、体育工作者的劳动报酬

（一）教练员和运动员的劳动特点

1. 教练员的劳动特点

教练员的劳动特点主要包括三个方面的内容：第一，教练员的劳动是一种复杂的脑力劳动；第二，教练员的劳动成果见效慢；第三，教练员的劳动任务重、压力大。

（1）教练员的劳动是一种复杂的脑力劳动。

教练员的劳动是一种复杂的脑力劳动主要体现在两个方面：第一，劳动对象的复杂性；第二，劳动过程的复杂性。

劳动对象的复杂性。教练员劳动的对象主要是运动员，受遗传基因、个性心理特征等的影响，运动员都是各具特色的，这就要求教练员在训练的过程中要因材施教。具体来说，教练员既要在专项运动理论与技术的训练上因材施教，又要在人际关系等方面的指导上因人而异，只有做到有针对性的科学训练，才能不断提高运动员的运动技术水平。

劳动过程的复杂性。当下国际体坛高手如云，各国之间运动技术的差距越来越小，要想在国际赛事中取得好成绩，教练员就必须认真学习国内外先进的训练经验。可以说，教练员劳动的过程即“学习—模仿—创新”的过程，而受多种因素的影响，这一过程充满了复杂性，教练员只有做到博采众长、不断创新，才能使我国的体育项目在激烈的竞争中占据有利的地位。

（2）教练员的劳动成果见效慢。

教练员劳动的目的是为国家培养专业的体育人才、取得良好的体育成绩，而人才的培养和好成绩的获取是一个具有连续性和周期性的漫长过程。一般来说，要想成长为一名优秀的运动员是需要经历若干训练周期的，因此，教练员的劳动成果需要较长时间才能见效。

（3）教练员的劳动任务重、压力大。

运动员在体育赛事（尤其是国际性的体育赛事）中所取得的成绩，不仅反映了教练员的训练质量和水平，有时还会涉及国家和民族的荣誉。所以说，教练员的任务是比较重的，压力相对来说也是较大的。

2. 运动员的劳动特点

运动员的劳动特点主要表现在三个方面：第一，科技水平越高，运动员的劳动强度越大；第二，训练时间长，但“运动寿命”较短；第三，运动员的有效劳动不易量化。

(1)科技水平越高,运动员的劳动强度越大。

运动员的劳动是一种“体脑”结合的复杂劳动,不仅需要高强度的脑力劳动,还需要高强度的体力劳动。从运动训练发展的过程来看,运动员的劳动强度与科技的发展水平密切相关,科学技术的发展水平越高,运动员的劳动强度就会越大。在生产力低、科技落后的年代,运动员所训练的高难度动作少、强度小,体力消耗也不大;而随着科技的进步,运动技术水平有了明显提高,科技进步在推动器材、设备、管理手段等的现代化的同时,也在无形中增加了运动员的劳动强度,比如 IBM 公司所研制的“深蓝”电脑每分钟能分析近 3 亿步的棋,这远远超过了人类的思维能力。

(2)训练时间长,但“运动寿命”较短。

运动员在正式进入专项训练之前,往往需要先进行相关的技术训练,而这些相关的技术训练通常需要从儿童抓起。这些儿童小的从 3~4 岁开始训练,大的从 6~7 岁开始训练,要想取得一定成绩还需经过 10 年左右的时间,训练时间是比较长的。

相较于训练时间,运动员的“运动寿命”是比较短的。这里所说的“运动寿命”主要是指运动员保持最佳运动水平的期限。我国运动员的运动寿命,短的有 3 年左右,长的也只有 16 年,多数运动员在 25 岁后会选择退役,这主要是由三方面原因造成的:一是出于急流勇退的考虑;二是出于成家或就业的考虑;三是受伤病的困扰。①

(3)运动员的有效劳动不易量化。

运动员是影响体育服务产品质量的重要因素。在社会主义市场经济条件下,体育服务产品虽然能够有效地满足人们的体育需求,具有一定的价值,但由于它是一种无形的产品,因此并不能轻易对体育服务价值进行衡量。比如,如果以体育赛事中所取得的名次为有效劳动的衡量标准,那么没有取得好名次陪练运动员的劳动算不算劳动?若算劳动,有效劳动该如何计算……所以说,运动员的有效劳动是不易量化的。

(二)教练员和运动员的劳动报酬

1. 教练员的劳动报酬形式

(1)教练员工资制的演变。

1956 年,我国体育部门工资制度确立,教练员的工资与其专业技术水

---

① 钟天朗. 体育经济学概论(第二版)[M]. 上海:复旦大学出版社,2014:195.

平、职务责任大小等相关。1961 年和 1963 年,我国政府对体育部门的工资标准进行了两次调整,调整后教练员的平均工资有了明显的下降。中共十一届三中全会以后,国家重新制定了教练员的工资标准,教练员的工资有所提高。1985 年,国家对教练员的工资制度进行了改革,开始实行结构工资制。1993 年,国家再次对教练员的工资制度进行了改革,实行专业技术等级工资制,教练员的工资趋于稳定。进入 21 世纪后,我国继续实行专业技术职务等级工资制,并对其进行了相应的调整。

(2)教练员的专业技术职务等级工资制。

教练员的专业技术职务等级工资制,在工资结构方面可分为专业技术职务工资和津贴两部分。其中专业技术职务工资是相对固定的,体现了按劳分配的原则;津贴则相对灵活,其与教练员的实际工作量和工作质量密切相关。

2. 运动员的劳动报酬形式

(1)从工资制向津贴制转变。

1985 年之前,我国对运动员实行的是计时工资制,计时工资虽然能够反映运动员所支付劳动的平均量,但却无法有效反映运动员个人实际所支付的劳动量,这在某种程度上对运动员是不公平的。因此,1985 年后我国开始对运动员实行津贴制。津贴制能够有效地反映运动员所提供的劳动量,较好地体现公平的原则,有助于激发运动员的积极性。

(2)体育津贴的分类。

运动员的体育津贴主要由两部分构成:基础津贴(见表 6-1)、成绩津贴(见表 6-2)。体育津贴是一种相对灵活且能反映运动员劳动数量与质量的报酬制度,它不仅能够在一定程度上克服劳动报酬中的平均主义,而且能够有效地调动运动员的积极性。

表 6-1　运动员基础津贴标准

单位:元/月

档次	标准	档次	标准
一	670	十一	875
二	685	十二	905
三	700	十三	935
四	715	十四	965

续表

档次	标准	档次	标准
五	735	十五	995
六	755	十六	1030
七	775	十七	1065
八	800	十八	1100
九	825	十九	1135
十	850	二十	1170

表 6-2　运动员成绩津贴标准

单位:元/月

比赛层次	奥运会	奥运会项目世界赛和世界杯	非奥运会项目世锦赛、世界杯、世运会、亚运会	奥运会项目亚锦赛和亚洲杯	非奥运会项目亚锦赛、亚洲杯和全运会
一	2000	1350	1120	990	860
二	1700	1170	1000	870	750
三	1440	1050	900	770	670
四	1260	960	820	700	600
五	1140	890	760	640	540
六	1040	830	700	590	490
七	950	780	660	540	450
八	880	740	620	510	420

第四节　现代体育产品市场

随着经济的发展和社会的进步,人们的经济收入有了明显的增长,生活水平也有了质的飞跃,人们开始日渐重视对身体素质的提高。在这样的形势下,人们参加体育活动的频率明显提高,对体育产品的需求也不断增多。

因此,为了满足人们日益增长的体育需求,必须大力培育体育产品市场,发展体育产业。

一、体育产品的概念与内容

(一)体育产品的概念

体育产品是构成体育产业的最基本单位,是体育市场活动的基础,主要存在于第三产业中,以提供服务为主要形式。现代体育经济学认为,体育产品主要是指体育市场中用于满足消费者需求的事物,主要包括实物型的体育产品和体育服务产品两种。

(二)体育产品的内容

体育产品主要包括四个方面的内容:体育竞赛和体育表演、健身服务、娱乐享受、培训服务。

体育竞赛和体育表演,主要是指发生在特定场地(竞赛场),由专业人员(运动员、教练员等)向消费者提供具有观赏价值的体育服务,以满足消费者多样化体育需求的体育活动。

健身服务,主要是指由健身俱乐部、健美中心等向市场提供相应体育产品,以满足消费者强身健体的体育需求。

娱乐享受,主要是指由保龄球馆、高尔夫球场等向市场提供相应体育产品,以满足消费者休闲娱乐的体育需求。

培训服务,主要是指由各类培训班(游泳、健美操、武术等)向体育市场提供教学、训练等服务,帮助消费者掌握体育运动的知识和技能。

二、体育产品的经济学特征

(一)私人产品和公共产品的兼有性

1. 私人产品

私人产品主要是指那些具有效用上的可分割性、消费上的竞争性以及受益上的排他性的产品。私人产品主要是通过购买的方式进行消费的,价格与市场的供求状况密切相关。体育产品在某种程度上也具有私有属性,如在健身俱乐部,当某一消费者占用了一台健身器材时,必然会减少其他消费者对该器材的消费,从这一层面而言,健身器材具有私人产品的属性。

2. 公共产品

公共产品具有非竞争性、非排他性特征。其中,非竞争性主要是指产品被提供出来后,消费者数量的增加并不会减少其他消费者对该产品的消费和使用;非排他性主要是指不能强制把某一消费者排除在某种产品的消费之外。体育产品具有公共产品的属性,以我国竞技体育的事业性特征为例,我国政府投入大量的财力培养运动员,运动员在国际性体育比赛中通过生产体育服务产品所赢得的精神产品(荣誉),就具有公共产品的特征,消费者可直接享受此类产品,额外增加消费者也不会降低它给其他消费者带来的享受。

(二)满足人们的高层次需求性

根据马斯洛的需求层次理论,当人们的基本生存需要得到满足之后,就会追求更高层次的需要。随着我国经济的快速发展,人们的生活水平有了质的飞跃,可支配收入明显提高,越来越重视体育锻炼,对体育产品消费方面的要求也越来越高。体育产品作为一种高层次的消费品,在为人们提供休闲娱乐、强身健体等服务的同时,也在一定程度上满足了人们的高层次需求。

(三)生产要素替代弹性的特殊性

体育产品生产要素替代弹性的特殊性主要表现在两个方面:一是生产要素的替代弹性等于零,二是某些生产要素的替代弹性大。

1. 生产要素的替代弹性等于零

体育产品生产活动的正常进行需要投入不同类型的生产要素,由于各生产要素具有自己的特性,所以某些生产要素之间的配置或组合具有较强的固定性,不能随意调整,在这种情形下,体育产品生产要素的替代性为零。以篮球运动为例,无论篮球运动员(劳动力要素)的身价有多高,都无法用篮球去替代他们,运动员与篮球之间的替代性为零。正因为这些不可替代性因素的存在,使某些明星运动员在转会时尽管费用很高,俱乐部的老板也会欣然接受。

2. 某些生产要素的替代弹性大

在体育产品生产过程中，可对某些生产要素进行相应的替换，以获取最佳效益。比如，人们想要进行体育锻炼，但又认为高档健身房的费用过高时，就可以选择到公共场所健身。

三、体育产品的价值和使用价值

(一)体育产品的价值

体育产品的价值同一般产品的价值一样，都是凝结在商品中的无差别的人类劳动。但从体育产品价值的确定角度来看，体育产品的价值具有一定的特殊性，主要表现在以下三个方面。

1. 体育产品价值的确定以质量为标准

体育产品的核心是体育服务，服务质量的高低对体育产品价值的实现具有直接影响。因此，在体育服务设施与服务条件一致的情况下，高质量的体育服务更能保证体育产品价值的实现。此外，体育产品质量与价值的高低还与运动员的训练素质、职业操守等有关。

2. 体育产品价值的确定具有垄断性

体育资源是体育产品的重要组成部分，体育资源的种类与特色决定了体育产品在价值量的计算上存在较大的差异。比如奥运会、世锦赛等国际性的体育比赛，都是具有垄断性的体育产品，这些体育产品的价值是无法具体估量的。

3. 体育产品的价值随体育产品水平与规格的变化而变化

体育产品价值的大小不是一成不变的，它会随着体育产品水平与规格的变化而变化。体育赛事的水平越高、竞争越激烈，体育产品的价值就会越高；反之，体育产品的价值就会越低。

(二)体育产品的使用价值

商品的使用价值主要是指其能满足人们某种需求的属性，具有多效用性和多功能性，具体分析如下。

1. 使用价值的多效用性

相较于一般的物质产品，体育产品使用价值的多效用性主要表现在两个方面：一方面体育产品能够满足消费者的物质需求，另一方面体育产品还能满足消费者的精神需求。

2. 使用价值的多功能性

体育产品使用价值的多功能性主要是指无论体育产品属于哪一档次，它们的使用价值都具有综合性，都能够在一定程度上满足不同消费层次的消费者的体育需求。

第七章　现代体育经济经营运作

本章主要对现代体育经济经营运作进行研究，首先阐述了现代体育赛事产业组织，其次论述了现代体育赞助运营，再次论述了现代体育场馆经营，最后对现代体育职业俱乐部经营进行了分析。

第一节　现代体育赛事产业组织

一、现代体育赛事市场结构

（一）体育赛事市场的概念

作为人类的一项实践活动，体育赛事是一个具有明确目的性与鲜明竞技性的特殊过程，又被称作“体育竞赛”或“竞赛表演”。对于体育赛事市场的概念，国内学者的观点目前尚未统一，但在总体上呈现三点共性：①体育赛事必须是一种经营活动；②体育赛事市场中包含运动竞技与表演；③以服务业为主。

基于以上观点，本书对体育赛事市场做出以下概念界定：体育赛事市场是指消费者以观赏为主要形式，对体育竞技表演活动的产品进行消费的市场，是体育产业的核心组成部分，对体育健身娱乐业、体育场馆建造业、体育设备用品业等相关产业的市场情况具有一定的影响作用。

（二）体育赛事市场的主体

市场主体是指在市场环境中进行经济活动、享受经济权利、承担经济义务的个人或组织，具体可分为投资者、经营者、劳动者和消费者。任何市场主体在参与经济活动时，都会以满足社会需求、实现自身利益最大化为主要目标，体育赛事的市场主体也不例外。

1. 体育投资者

一般情况下，投资者参与投资活动，均以获得盈利为目的。投资者资格的构成要素主要包括投资的方向或领域、投资的数量或额度及出资形式。《公司法》规定，“股东既可用货币出资，也可用实物、知识产权、土地使用权等非货币财产作价出资”。体育赛事的出资形式整体遵循《公司法》要求，但由于体育赛事具有一定的特殊性，因此球星、经纪人或企业常选择利用自身技术或专利入股，形成体育赛事市场的一大特色。

2. 体育经营者与劳动者

体育经营者是指生产、经营体育产品或提供有偿服务的法人、组织及个人，经营者应具有一定的财产能力、技术能力、信誉能力、意识能力和经营范围。对体育赛事而言，经营者主要包括政府、企业、个人、非营利机构和赞助商。

体育劳动者主要指体育赛事市场下的运动员与经纪人，具有以劳动者的身份参与体育市场竞争并能够从中获得回报的特征。

3. 体育消费者

消费者是指购买商品、接受服务的个人或组织。与其他产品的消费者不同，体育赛事的消费者往往能够直接或间接地参与体育产品的生产、销售过程，掌握着一定的发言权。体育消费者主要包括观众、媒体、广告赞助商、地方政府和社区等。

（三）体育赛事市场的类型

按照体育竞赛的类型和目标，体育赛事可以划分为职业体育比赛、体育商业比赛和大型综合赛事三种类型。

1. 职业体育比赛

职业体育比赛是目前最常见的一种体育竞赛形式，赛程固定、参赛者相对固定、比赛水平较高，是职业体育比赛的主要特点。在职业体育比赛中，运动员可以凭借自身的运动技能获得物质回报，企业则依靠对体育产品的巨额投入获得商业回报，一些体育联盟不仅能够获得经济回报，还能从中收获较高的知名度与较大的社会影响，如职业棒球大联盟（MLB）、网球专业人员协会(ATP)、北美职业橄榄球大联盟(NFL)等。

2. 体育商业比赛

作为体育竞赛的又一类型,体育商业比赛同样能够产生较大的社会影响力和高额的经济效益。邀请赛是商业比赛的最典型形式,能够通过企业赞助、电视转播、冠名等方式获取商业利益。与职业体育比赛不同的是,体育商业比赛的赛程与参赛者均不固定,当主办方认为"无利可图"或在财务方面遭遇困难时,往往会选择终止合作。

3. 大型综合赛事

大型综合赛事是指由国际奥委会、国际足联等非营利性国际体育组织举办的体育赛事,如奥运会、亚运会、世界杯等。为扩大赛事的影响力,主办方往往会借助市场手段对赛事进行运作,以保障财政的稳健发展。大型综合赛事的最显著特点,就是能够获得来自政府的大幅财政支持和舆论支持。

(四)体育赛事产品及特征

体育赛事产品一般是指体育竞赛及其延伸服务。狭义的体育赛事产品是指某一场比赛及相关服务活动的总和,广义的体育赛事产品则是指由某项体育运动的同级别比赛所组成的集合。无论是狭义还是广义,从整体来看,体育赛事产品均具有以下特征。

1. 参赛者之间的合作与竞争

体育赛事市场由一系列竞赛活动构成,而体育竞赛的对抗性和激烈性正是最能吸引消费者的地方。因此,参赛者之间必须始终保持既合作又竞争的关系,通过合作保持彼此间的密切联系,通过竞争提高比赛的吸引力,使比赛更具观赏性。参赛者的实力相当是保持合作与竞争关系的前提,如果因参赛者实力悬殊而导致比赛结果毫无悬念,观众将逐渐丧失对比赛的兴趣。

2. 竞赛结果的难预测性

受多方面因素影响,体育竞赛的结果往往难以预料,甚至有时会让人"大跌眼镜"。运动员的技能水平、心理状态和身体素质,比赛场地和气候变化,都有可能成为影响比赛结果的关键因素。正是这些无法预测的未知因素,为体育赛事的发展带来了生生不息的活力。

3. 生产与消费的同时性

生产与消费的同时性是指体育赛事产品的生产与消费活动会随着比赛的开始而开始，随着比赛的结束而结束。简言之，就是体育赛事产品难以复制和储存，无法像其他商品一样留有“存货”，能够随时满足消费者的需求。消费者对体育赛事产品的热情，会随着比赛的结束而逐渐消退，如果产品无法及时出售，生产者将面临重大损失。

4. 消费者需求的波动性

体育赛事产品的消费者需求具有较为明显的波动性，消费者常常会因为兴趣爱好等方面的变化，而对体育赛事产品产生不同的需求。引起这种变化的因素有很多，大致可总结为以下几个方面，如图 7-1 所示。

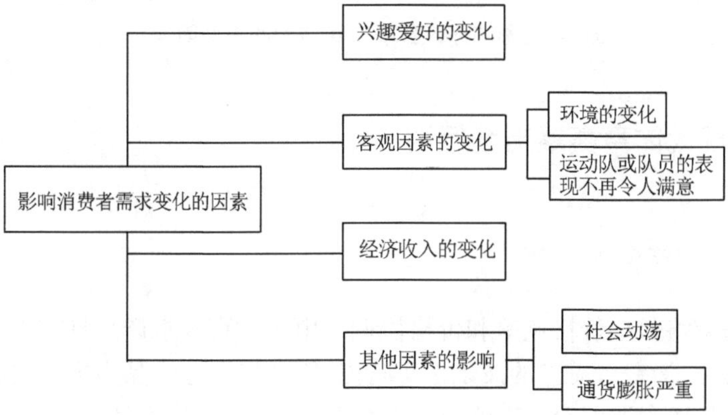

图 7-1　消费者需求的影响因素

（五）影响体育赛事市场结构的因素

影响体育赛事市场结构的主要因素有市场集中度、产品差异性、进入和退出壁垒、市场需求增长率、政府介入强度和企业制度、市场需求的价格弹性、短期成本结构等，当其中一个因素发生变化时，其他因素也会随之改变，进而对市场结构产生整体影响。在上述诸多因素中，市场集中度、产品差异性、进入和退出壁垒所发挥的作用是最显著的，所包含的具体内容如图 7-2 所示。

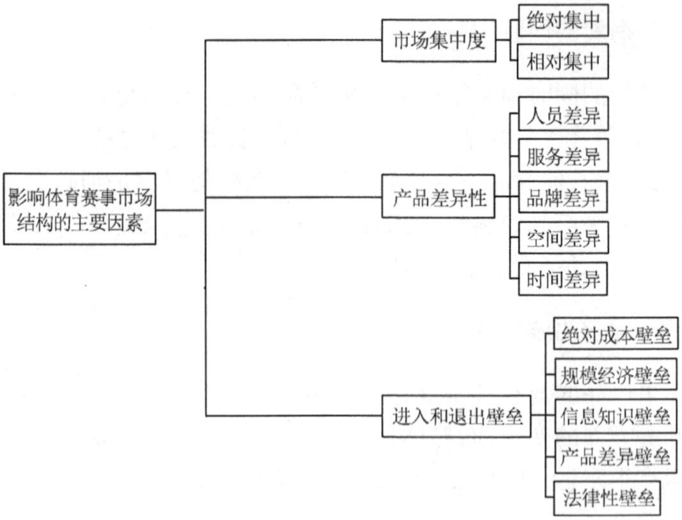

图 7-2　影响体育赛事市场结构的主要因素

二、现代体育赛事市场行为

(一)价格策略

价格策略包括价格竞争和价格协调。由于体育赛事产品具有生产与消费的同时性、消费者需求的波动性等特点,因此以服务产品为主要内容的体育赛事市场所采取的定价策略,也多呈现出与其他有形产品不同的特点。

1. 定价目标

企业的定价行为理应符合企业的发展目标,对体育竞赛组织而言,其发展目标主要包括以下几个方面,如表 7-1 所示。

表 7-1　体育竞赛组织的定价目标

目标	内涵
生存	在不利的市场条件下,定价目标很有可能放弃对利润的获取,而将确保生存作为价格策略的基本目标
利润最大化	定价能够保持一定时期内的最高利润水平,其中,“一定时期”与产品的生命周期有关

续表

目标	内涵
销售最大化	为占据市场份额而定价,前期可能会承担亏损的风险
信誉	企业试图通过定价来确立市场领先者的地位
投资回报	定价目标的制定以实现所期望的投资回报为依据

2. 影响体育赛事产品定价的一般因素

在制定竞赛产品价格时,体育赛事组织不仅要以定价目标为依据,还应考虑服务定位、成本结构、需求弹性、服务生存周期、竞争状态等因素,其中,成本因素和需求因素是影响力最大的两种因素。

(1)成本因素

成本是产品价值的基础部分,决定着产品价格的最低限度。体育赛事产品的成本包括固定成本、变动成本、准变动成本三种类型(见表 7-2)。在体育赛事市场中,固定成本的比重往往大于变动成本,准变动成本则主要取决于服务的类型、消费者的数量和对比赛设施的额外需求。

表 7-2 体育赛事产品的成本类型

类型	定义	举例
固定成本	不随产出而变化的成本	比赛场馆租金、日常维护成本、运动员固定工资等
变动成本	随着服务产出的变化而变化的成本	运动员获胜奖金、场馆水电费、交通费等
准变动成本	介于固定成本与变动成本之间的部分成本	赛场保养支出、职员加班费、运营成本等

(2)需求因素

市场需求在一定程度上能够影响消费者对产品价值的认识,进而对产品价格起到决定性作用。在制定价格政策时,体育赛事组织应尽量考虑需求弹性的影响,如“铁杆球迷”和“非球迷”的需求弹性必然有所区别,而比赛成绩也有可能影响到消费者的需求弹性。

(二)广告策略

体育广告是指体育组织企业借助多种媒介,与目标市场进行信息双向传递的活动,目的在于推动、创造消费者对体育产品的需求,以激发其购买欲望、进而促成消费行为。一般来说,体育广告的设计可大致分为广告目标、广告预算、广告创作、媒体战略、广告评估五个步骤,具体如表 7-3 所示。

表 7-3 体育广告活动的组织过程

步骤	内容
广告目标	直接目标:购买比赛门票、购买体育产品、成为比赛志愿者
	间接目标:增加知名度、提高形象、改善观众态度、教育消费者
广告预算	影响因素:可使用的物资资源、竞争对手的策略、对广告效力的判断
	预算方法:主观分配法、竞争对手法、销售百分比法
广告创作	产品优势:描述购买产品后的益处
	广告诉求:侧重健康、娱乐、情感、快乐等方面
	广告技巧:包括全面的信息、比较性广告、生活片段、科学性陈述
媒体战略	传统媒体:报纸、电视、广播、杂志等
	新媒体:微博、微信、各类短视频 APP 等
广告评估	评估项目:知名度、记忆度、注意度、视听率等
	评估方法:广告效果比率法、广告效益法、广告费比率法

(三)市场组织调整策略

1. 体育赛事市场组织调整行为的含义、形式及动因

(1)组织调整行为的含义。

体育赛事市场组织调整行为是指两个或两个以上的体育组织通过产权交易或置换,使组织形态结构发生变化的企业行为,一般会对产业市场集中度产生较大的影响。

(2)组织调整行为的形式。

组织调整行为的基本形式包括横向合并、纵向合并、混合合并三种类型,具体含义见表 7-4。

表 7-4 组织调整行为的形式

形式	含义
横向合并	指市场上竞争对手之间的并购,有利于扩大生产规模、降低生产成本、提高企业经营效率等

续表

形式	含义
纵向合并	指买方企业并购与其生产过程或经营环节密切相关的企业,以实现纵向生产经营一体化,纵向合并在西方国家是一个大趋势
混合合并	指生产和经营关联性不强的产品与服务的企业之间的并购行为,如体育集团既可以兼并体育产业的相关实体,也可以兼并非体育产业部门的有关实体

(3)组织调整行为的动因。

组织调整行为的动因主要体现在降低交易成本、降低代理成本、提高市场势力、获取规模效益、减少企业为积累经验而付出的学习成本等方面。

2. 体育赛事组织调整的阶段

体育赛事市场的组织调整行为从提出意向到完成合并,大致需要经历四个阶段,如图 7-3 所示。

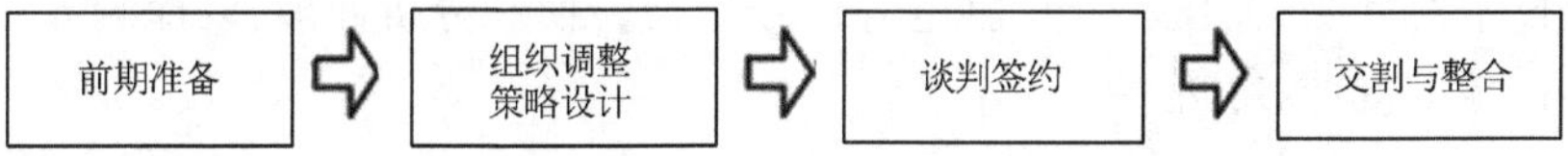

图 7-3 体育赛事组织调整的四个阶段

(1)前期准备阶段。

企业根据发展战略的要求,初步勾画出合并目标企业的轮廓,并制定对该企业的预期标准,如所属行业、规模大小、市场占有率等。在对目标企业进行比较、筛选后,进一步对其进行财务、税务、技术、管理等方面的深入调查。

(2)组织调整策略设计阶段。

根据前期准备阶段的所得资料,设计针对目标企业的组织调整模式,安排有关融资、支付、财税、法律等方面的事务。针对不同类型的组织,应采取不同的组织调整模式。

(3)谈判签约阶段。

以组织调整方案为基础拟订合并意向书,并针对合并的价格、方式等展开协商与谈判,最后签订合并合同。为防止突发情况的发生,谈判签约这一环节往往秘密进行,正式签约后才会对外公布。

(4)交割与整合阶段。

双方正式签约后,开始进行产权交割,从业务、技术、人员等方面对企业进行全方位的整合,在这一过程中,应考虑被合并企业的适应性。

三、现代体育赛事效益

(一)体育赛事市场的技术进步

技术水平是评判赛事效益的一项重要标准,从长远来看,推动技术进步是提高市场效益的重要途径。迄今为止,体育赛事中的科技进步主要体现在以下三个方面。

1. 计算机技术的应用

互联网的蓬勃发展、新媒体技术的不断创新都象征着人类社会已完全进入信息化时代。计算机技术在体育赛事中的应用主要包括:①创建图像识别系统,利用图像重叠技术对技术动作进行及时反馈;②对运动员的训练和比赛问题进行远程的运动医学、心理学专家诊断,使运动员能够接收来自不同地域权威专家的音像指导;③运用软件编程和多媒体技术,建立比赛管理指挥系统、裁判员评价系统等,实现体育管理的自动化;④利用模拟信号转换技术对呼吸、血压、心电、脑电等信号进行转换和分析处理,以探测人体运动科学的规律;等等。

2. 基因技术的应用

随着分子生物学技术的飞速发展和 DNA 重组技术的广泛应用,人们开始寻找决定人类运动能力的基因,并基于分子水平对人体经过长期训练后的适应性变化进行探讨,以更加科学、准确地评估个体的运动潜力与运动状态,从而加强对运动训练的控制。

3. 运动心理学的应用

在体育赛事中,运动员的心理因素有时会对其专业水平的发挥起到决定性作用,因此,如何通过控制心理因素来提高运动员的临场发挥水平,长期以来一直是体育界研究的重要课题。目前,运动心理学方面的研究主要着眼于运动员的心理潜能和脑潜能,相关学者运用认知心理学、神经心理学等原理,将对大脑功能的研究上升到新的高度,有利于提高运动员的竞赛水平。

(二)体育赛事市场的资源配置

体育赛事市场的资源配置主要涵盖资源要素应用来生产何种产品、要想获得最大产出应采取何种生产方式、产品组合应如何在社会成员中进行分配等问题，简言之，就是实现体育赛事市场的资源效率最优化。

1. 体育赛事市场的资源配置模式

与其他产业的资源配置一样，体育赛事的资源配置既可以由政府完成，也可以通过市场实现，具体流程如图 7-4 所示。

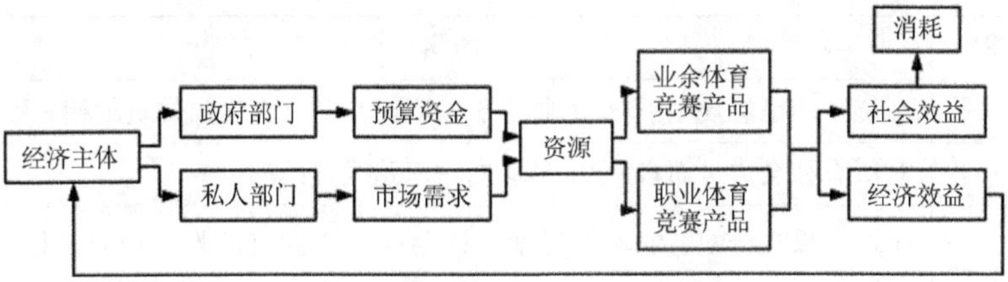

图 7-4　体育赛事市场的资源配置机制

2. 体育赛事资源市场配置与政府配置的边界

无论是单纯依靠政府进行资源配置，还是单纯交由市场进行资源配置，都有可能造成一定程度的效率损失。在其他因素不变的前提下，政府和市场哪一方占据资源配置的主导地位，主要是由两者配置资源的成本高低决定的。

一般情况下，如果市场体制能够有效引导体育资源进行合理配置，且市场配置成本低于政府配置成本时，政府就无须直接干预体育赛事市场的资源配置。反之，如果市场配置成本高于政府配置成本，即市场失灵时，由政府进行体育资源配置才能发挥更高的效率。在我国，现阶段的体育赛事市场还无法脱离政府的扶持和管理，这也从侧面反映了我国部分职业体育俱乐部长期入不敷出，只能依靠政府提供的优惠政策和资金划拨才得以生存的现状。

（三）体育赛事市场的公平竞争

与其他行业相比，体育赛事市场更需要一个公平竞争的环境，否则将难以发挥市场机制的应有作用。

1. 公平竞争的含义

公平竞争是指在竞争者之间展开的公开、公正、平等的竞争行为，对市场经济发展而言，营造公平竞争的市场环境有利于调动厂商的积极性，促使其向市场提供质优价廉的产品，使社会资源得到合理配置，为消费者带来福利。

2. 公平竞争的要求

基于市场经济的公平竞争主要包含三个层面的要求，即规则公平、起点公平和结果公平，如表 7-5 所示。

表 7-5　公平竞争的要求

要求	内涵
规则公平	在统一的市场规则下，个人收入份额应与其对社会做出的贡献相一致
起点公平	对所有社会成员而言，竞争是从同一起跑线开始的
结果公平	生产结果在分配上的均等程度与社会成员所拥有的收入份额是相对应的

第二节　现代体育赞助运营

一、现代体育赞助概述

（一）体育赞助的概念

体育赞助是一种以体育为题材、以支持和回报为内容、以利益交换为形式、以达成各自目标为目的的特殊商业行为。对体育组织、机构和个人而言，体育赞助的作用在于开发自己所拥有的体育无形资产；对企业而言，体育赞助是一种行之有效的营销方式，有利于提升企业形象，拓宽产品销售渠道。赞助双方是互惠互利的商业合作伙伴关系。

（二）体育赞助的必要性

1. 体育组织寻求资金的需要

资金密集、技术密集、单位投入边际收益递减是现代体育经济在发展过程中呈现出的最显著特点，表现出对资金的高需求。与此同时，随着各国政府对公共财政预算支出结构的调整,体育组织所获得的财政资助越来越少,这种局面迫使体育组织开始寻找新的财源。体育组织对资金的需求,是体育赞助得以不断发展的原动力。

2. 企业创新营销策略的需要

企业营销体系由产品、价格、销售、沟通四部分组成,而沟通的具体手段又包括广告、促销、公关、赞助四种类型,其中广告、促销、公关均属于传统沟通手段,如果使用过于频繁,容易使消费者产生厌倦感,甚至激发逆反心理。基于此,企业亟须寻找一种新型沟通手段,以弥补传统沟通手段效力的不足,体育赞助正是在这种背景下应运而生的。

二、现代体育赞助运作

(一)赞助计划的制订

制订一份科学详尽的赞助计划,是确保赞助成功的基础与前提。从操作过程来看,赞助计划的制订可分为八个步骤,如表 7-6 所示。

表 7-6 制订赞助计划的步骤

顺序	步骤	内容
1	分析赞助必要性	赛事或活动的性质、成熟度、规模、主控权
2	建立工作机构	行政管理部、开发部、财务部
3	收集相关资料	企业的资料、以往赞助的资料
4	拟订赞助目标	资金目标、实物目标、服务目标、媒体参与目标
5	设计赞助产品	用商业化手段包装赛事或活动卖点
6	制定赞助价格	费用附加法、竞争市场策略法、相对价值法
7	选择目标赞助商	企业形象与赛事形象的吻合度、企业目标市场、企业有无赞助行为、企业与体育组织的关系、政府介入赞助活动的可能性
8	接触目标赞助商	做好接触前的准备工作、把握好面谈的时机

(二)赞助协议的签订

赞助协议的形式主要有确认函、协议书、正式合同三种,其中,正式合同最为规范,是具有法律效力的正式文件。赞助合同的内容应包括权利义务人的名称与头衔、赞助方式、赞助义务、赞助权利、违约责任、签约栏、日期与附注等。

赞助协议的正规化程度低于正式合同但高于确认函,也是由双方共同签署的正式文件,是一种不具威胁性的非标准化合约书。一般情况下,赞助协议应对赞助身份、赞助金、冠名权、大会标志使用权、运动员义务、法律归属、未来选择权等内容进行规范。

(三)赞助活动的执行

当体育组织与赞助商签订合约后,赞助活动就正式进入执行阶段。执行阶段的核心任务是为赞助商提供服务,逐步落实赞助商应得的权益。为确保赞助活动的顺利进行,体育组织应指定专人为赞助商服务,如有必要还应召开协调会,协调双方的立场和利益,使双方尽可能地达成共识。

(四)赞助活动的总结

当赞助活动执行阶段结束后,赞助活动就进入了最后阶段,即总结阶段。总结阶段是赞助活动中不可或缺的重要环节,必须全力以赴,力求善始善终。赞助总结工作一般按照四个步骤进行:①撰写赞助评估报告;②建立本场赞助活动的专项档案;③召开总结会;④举办感谢活动。

三、现代体育赞助效益

寻找一种合适的体育赞助评价方式,对赞助双方而言都极为重要。赞助商需要通过赞助效益评价,来判断自己的赞助行为是否值得;体育组织也需要借助赞助效益评价,争取与赞助商保持长期的合作伙伴关系。常用的体育赞助效益评价方式主要有以下三种。

(一)赞助商形象效益评价

对赞助商形象效益的评价多以问卷调查的方式进行,一般可分为四个步骤:第一,确定目标企业,目标企业包括赞助商和与赞助商性质相近的企业;第二,设计问卷,问卷可分为“问题”和“等级评定”两个部分;第三,确定调查对象和样本,调查对象多为赞助商目标市场的消费者,调查样本尽可能越多越好;第四,确定调查方式,以在消费场所发放问卷为主要方式。

(二)销售量评价

赞助活动的效果能否体现在产品销量上,是赞助商最关心的一个问题。借助赞助活动进行产品促销可通过两种途径:一是将通过赞助活动所获得的各项权益(如吉祥物、会徽的使用权)用于提升企业形象,以增加消费者对产品的认同感;二是直接举办现场促销活动。评价销售量的方法也有两种,即"历史同期比较法"和"间接评价法",前者需以企业历年的财务报表为依据,后者需要通过发放和回收赞助折扣券的方式进行。

(三)媒体报道评价

一般来说,赞助商的赞助目标不会仅限于提高产品销售量,同样值得关注的还有其赞助行为能否对企业形象和企业声誉产生积极影响,因此,赞助商会十分重视媒体报道的情况。对媒体报道的评价应从两个方面进行:第一,哪些媒体形式对赞助企业进行了直接或间接的报道;第二,每种媒体形式报道的"量",包括报道次数、时间长短、版面大小等。

四、现代体育赞助案例

体育赞助的运作是一项集科学性与艺术性于一体的工作。随着体育赞助的不断发展,成功的体育赞助案例层出不穷。本书将对目前最著名的体育赞助计划——TOP 计划(即奥林匹克赞助计划)进行简要介绍。

(一)TOP 计划的历史

1985 年,为改善国际奥委会的财务状况,实现财政收入多元化,国际奥委会正式委托国际体育娱乐公司全权代理奥运会的赞助事宜。经过严谨、周密的策划,国际体育娱乐公司正式推出奥林匹克赞助计划(The Olympic Programme),简称"TOP 计划"。TOP 计划致力于对各国奥委会的赞助活动进行整合,以四年为一个周期,其设计理念符合经济全球化的趋势。

TOP 计划迎合了跨国公司全球化经营的需要,只要跨国公司能够与国际体育娱乐公司签约,成为 TOP 赞助商,就能同时拥有奥运会合法赞助商、国际奥委会指定赞助商的头衔,继而获得长期的赞助效益。因此,TOP 计划自出台起便受到了各大著名跨国公司的青睐。

(二)TOP 计划赞助商的权益

根据国际体育娱乐公司的规定,参与 TOP 计划的赞助商可获得以下权益,具体见表 7-7。

表 7-7 TOP 计划赞助商的权益

权益名称	具体权益
产品专属权	每类产品只能由一家企业提供赞助,赞助商具有同质产品的排他权
标志、符号、名称的使用权	赞助商可合法使用奥林匹克的五环标志及与奥运会有关的符号和名称
公共关系及促销机会	赞助商可以在奥运会的一些特定场合中(如圣火传递活动、记者招待会等)增加自己的曝光机会
向档案馆索取资料的权利	赞助商可以前往国际奥委会总部的奥林匹克档案馆查阅与奥林匹克运动有关的文史资料
奥运商品制造和销售权	赞助商拥有制造和销售奥运商品的权利
门票及礼遇	赞助商可优先获得奥运会开、闭幕式和比赛的门票,并拥有贵宾席等各项礼遇
广告优先购买权	赞助商可优先获得包括电视广告在内的广告优先购买权,如奥运会期间的广告种类、地点、方式、时段等
现场活动参与权	赞助商拥有适度的在奥运赛场开展销售、展示、样品赠送等活动的权利
赞助成果报告	奥运会结束后,每一位赞助商都会收到一份完整的赞助成果评价报告,包括公众对赞助商的认知、对赞助效益的分析等
下届 TOP 计划的优先协议权	本届 TOP 计划的成员如果有兴趣继续成为下一届的赞助商,则拥有与国际体育娱乐公司的优先协议权

第三节　现代体育场馆经营

一、现代体育场馆经营战略与目标

(一)体育场馆经营战略的概念与特点

1. 体育场馆经营战略的概念

体育场馆经营战略是指在商品经济和市场竞争的环境下,体育场馆为获得竞争优势,维持长期的生存与发展,根据场馆的内部现实与外部变化所制定的立足于全局的纲要性、方向性的决策。构成体育场馆经营战略的要素包括体育场馆的外部环境与行业环境、体育场馆的企业使命与企业文化、体育场馆的资源利用与协同作用等。

2. 体育场馆经营战略的特点

体育场馆经营战略整体呈现出全局性、系统性、竞争性、风险性、特殊性、长远的目的性、相对稳定性与变动性等特点。

(1)全局性。

经营战略是体育场馆领导者为体育场馆的总体经营活动而制定的纲领,对场馆内各项工作均具有一定的指导作用,而不是针对某项活动的具体决策。

(2)系统性。

体育场馆经营战略包括战略思想、战略目标、总战略、分战略等一系列相互联系的内容,本身就是一个系统,又处于体育经济、国民经济、世界经济等更大的系统中。

(3)竞争性。

经营战略的制定往往针对的是特定的竞争对手,如果市场竞争不复存在,自然也不必再制定经营战略。

(4)风险性。

外部环境的变幻莫测常常容易造成决策的失误,即使能够正确把握环境变化的规律,也无法保证所做出的决策是毫无风险的。

(5)特殊性。

经营战略不会一成不变,往往会以场馆的布局、规模、风格等因素为依据进行制定,使每个场馆都能各具特色。

(6)长远的目的性。

制定体育场馆经营战略的目的不在于维持现状,而在于创造未来,一切决策的落实都是为了适应时代的变化。

(7)相对稳定性与变动性。

经营者所制定的经营战略大多基于对客观环境的长期观察与分析,是经过反复讨论和仔细考量的,因此不能朝令夕改;但也应随着实际变化着的主客观条件,进行灵活的调整与完善。

(二)体育场馆经营战略目标的内容与原则

1. 战略目标的内容

体育场馆的经营战略目标是战略管理的核心,是在分析内外部环境的基础上,根据场馆的既定使命与宗旨,制定的在较长时期内预期达到的目标,具体包括以下几方面的内容,如表 7-8 所示。

表 7-8 体育场馆的经营战略目标

目标	分析
市场目标	体育场馆的基本职能是市场推销和创新,包括新兴市场的开发和传统市场的渗透,目的是吸引消费者
发展目标	包括通过资产流动和资产重组来扩大规模;以多元化经营来推动企业发展;增加固定资产与流动资产,增加无形资产的投入;提高技术素质、管理素质、人员素质和体育场馆的经营能力
资源目标	体育场馆的经营活动依赖人力资源、财力资源和物力资源
社会责任目标	作为社会的子系统,体育场馆承担着一定的社会责任,不仅要有经济观念,还要有社会观念、公益观念和人类可持续发展的观念
员工福利目标	合理分配员工福利有利于调动员工的工作积极性,是体育场馆经营的内在动力,员工福利包括集体福利和个人的工资、奖金水平
市场竞争地位	体育场馆在市场中的地位,通常以销售收入、市场占有率、售后服务项目、消费者满意度等形式呈现出来

续表

目标	分析
场馆盈利能力	盈利是体育场馆经营活动的内在动力,盈利能力通常用资本利润率、销售利润率、营业利润率、成本费用利润率等指标来表示

2. 体育场馆经营战略目标制定的原则

战略目标制定得科学与否,直接关系到经营管理活动的成败。因此,在制定战略目标时,应遵循以下原则。

(1)市场原则。

体育场馆经营战略目标的制定离不开对市场动态的把握,如消费者的消费能力、消费习惯、消费需求,体育场馆所在地的交通状况与发展变化等。只有准确地把握市场动态,才能充分体现市场要求,不断满足顾客需求,使体育场馆保持长久的吸引力。

(2)效益原则。

体育场馆的建设与维护需要高额的经济支持,这就决定了即使盈利不是体育场馆经营的唯一目的,但在经营体育场馆时,也必须首先遵循效益原则。效益原则要求战略决策要在技术上可行,在经济上合理。因此,应经过科学的分析与测算,使社会效益和经济效益同步发展。

(3)规范原则。

所谓规范,就是指在制定体育场馆的战略决策时不能随意拍板、草率定案,而要运用科学方法,严格按照战略决策的基本步骤进行,如图 7-5 所示。

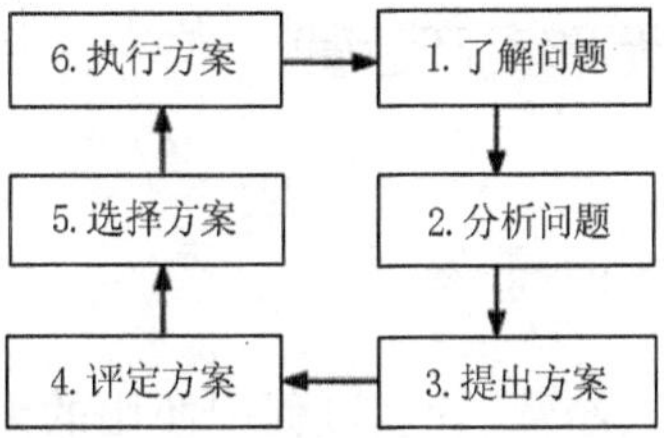

图 7-5　战略决策的基本步骤

(三)体育场馆经营战略目标的结构

不同的体育场馆具有不同的发展特点和发展水平,因此在众多战略目标中,必然存在主次之分,这就牵涉先导目标和重点目标的选择,继而衍生出战略目标的结构问题。战略目标结构形式多样,重点各不相同,总体来说一般包括以下几种类型(见表7-9)。

表7-9 体育场馆经营战略目标结构

类型	特点及目标	
以市场占有率为重点	特点	以市场为目标,旨在开拓市场,提高场馆竞争能力
	目标	新项目开发、老项目整顿、低价渗透、优质优价
以营利为重点	特点	要求利润与收入同步增长,甚至要求利润的增长速度高于销售收入
	目标	调整项目结构,开发高利润项目;调整价格政策;增加畅销产品量,提高销售增长率;降低成本,节约费用
以创新为重点	特点	新项目、新技术、新设备、新款式、高质量
	目标	充分筹资以确保高投入;加强人才和新项目引进;开发信息资源
以低成本为重点	特点	在保证能够取得规模效益的基础上降低成本
	目标	简化服务降低成本、改进服务设计降低成本、降低人工费用成本、规模经济降低成本
以场馆形象为重点	特点	利用场馆信誉、产品信誉和企业文化,树立良好的社会形象
	目标	优质服务、良好信誉、知名品牌、社会责任

二、现代体育场馆无形资产运营

(一)体育无形资产的概念

无形资产是指在生产、经营、管理过程中使用的无实物形态的非货币资产,具有形态的无形性和收益的不确定性。我国的无形资产主要包括专利权、非专利技术、商标权、著作权、土地使用权等。

体育无形资产是指在体育运动过程中出现的所有不具有实物形态的非货币资产的集合,这些资产经过体育市场的开发和利用,能够在一定的时间范围内带来相当程度的经济效益。体育无形资产是体育产业的重要组成部分,其价值不是一成不变的,而会随着体育产业内部因素和外部环境的变化而不断变化。

(二)体育无形资产的特征

体育无形资产既包含无形资产的一般特征,如无形性、动态性、独占性、法律性等,也包括其他无形资产所不具备的个性化特征,如相关性、时效性等。

1. 相关性

相关性有两方面的含义:一方面,体育无形资产的形成是基于各项体育赛事的,与体育运动有着本质的联系,因此,体育无形资产的价值与体育运动的业绩、成效等息息相关;另一方面,体育无形资产价值的充分体现,有赖于媒体所进行的大力宣传。

2. 时效性

举办体育赛事所产生的社会效应是有一定时限的,体育赛事的举办权、电视转播权、特许使用权等一旦超过时限,商业价值就会大打折扣。体育组织的名称与标志的特许使用权、体育彩票的发行权与行销权、体育设施的租赁权与土地使用权等,一般也都有合同规定的使用期限。开发体育无形资产的企业如果因忽视时间因素而错过最佳开发时机,就会造成体育无形资产的贬值。

(三)体育场馆无形资产的内容

体育场馆的无形资产主要包括体育知识产权、体育场馆的技术秘密和商业秘密、体育场馆的特许经营权,以及法律法规所规定的或国际惯例所承认的其他体育无形资产。

1. 知识产权

体育知识产权是指体育领域内的知识产权,包括体育场馆的冠名权、广告发布权、广播电视转播权、标志使用权等内容。

2. 技术秘密和商业秘密

体育场馆的技术秘密是指未在体育领域公开、未申请专利、受法律保护程度较低,但在经营活动中能够产生经济效益的专业知识和技巧,主要形式有技术规范、材料配方、不成文的诀窍等。体育场馆的商业秘密是指体育生产经营部门尚未公开的信息或资料,如体育场馆的经营决策、管理方法、资源整合途径等。技术秘密和商业秘密的共同点在于,在一定时间范围内,信息不为大众所知，但能够使所有者处于竞争的有利地位，因此具有重大价值。

3. 特许经营权

体育特许经营权是指对体育领域内各项产品、商标等进行特许经营的权利，可分为政府授予的特许经营权、体育产业自身享有的特许经营权、体育产业允许其他产业享有的特许经营权等类型。

三、现代体育场馆融资模式

（一）BOT 模式

BOT 是 Build-Operate-Transfer 的缩写，意为"建设—经营—转让"。具体来讲，BOT 模式是指政府与项目公司签订合同，由项目公司承担基础设施的筹资与建造工作，待项目完成后，在双方协定的时间期限内，项目公司可通过对该设施进行运营来获取利润，直至协议期结束，该设施的所有权将无偿转让给政府。BOT 模式的组织机构设置如图 7-6 所示。

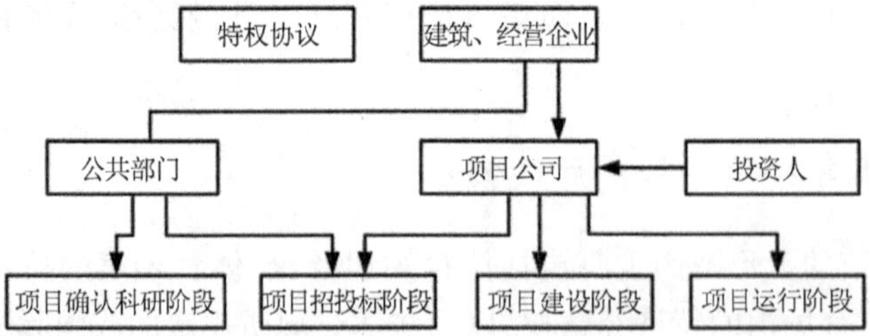

图 7-6　BOT 模式组织机构

在大型体育场馆的建设与经营中引入 BOT 模式，有利于减轻政府的公共财政负担，扭转基础设施业绩不佳的局面，减少招（投）标、建设、经营过程中存在的腐败行为，同时也能够提高体育场馆的利用率，通过引进先进的技术和管理经验减轻经营风险。

（二）PPP 模式

PPP 模式即公共部门与私人企业合作（Public-Private-Partnership）模式，是一种兴起于英国的公共产品供给新模式，20 世纪 90 年代后开始流行起来。PPP 模式的实质是政府、私人营利性企业、非营利性企业基于某个项目所形成的合作关系，并且这种合作关系所产生的效益将远远大于三者分别“单打独斗”所得效益的总和。在参与项目时,政府并不会将项目的责任全部移交给私营企业,而是会对项目进行扶持,与企业共同承担责任与风险。PPP 模式的组织机构如图 7-7 所示。

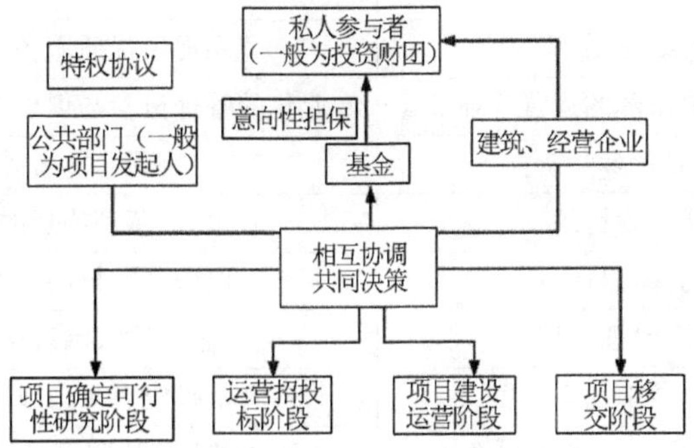

图 7-7　PPP 模式组织机构

相对而言,PPP 模式更加适用于政策性较强的准经营性公共基础设施的建设项目,此类项目有一定的资金流入,但难以依靠自身实现收支平衡。因此,政府不仅要对此类项目给予相应的资金补助和政策倾斜,更要具备较强的调控能力。

第四节　现代体育职业俱乐部经营

一、职业体育俱乐部概念

所谓的职业体育俱乐部主要是指那些从事为消费者提供现场体育项目表演的企业,其目的是通过满足消费者的体育需求获取相应的经济收益。

职业体育俱乐部的产生经历了一个过程。18 世纪末,英国出现了一些运动俱乐部,这些运动俱乐部主要是由富人组织的以满足自身体育与娱乐需求的沙龙,是传统意义上的体育俱乐部。19 世纪末 20 世纪初,运动俱乐部呈现出平民化的发展趋势,其特点是自发、自愿、不以营利为目的。20 世纪初,西方发达国家和北美等地相继出现了以营利为目的的职业体育俱乐部,但发展的规模相对较小。20 世纪 60 年代后,在经济全球化的大背景下,商业型的体育俱乐部快速发展,不仅丰富了职业体育俱乐部的种类,而且拓宽了职业体育俱乐部的经营范围,表现出与传统体育俱乐部明显的差异。表 7-10 为传统体育俱乐部与职业体育俱乐部的不同点。

表 7-10 传统体育俱乐部与职业体育俱乐部的不同点

传统体育俱乐部	职业体育俱乐部
靠团结维系	靠提供优质服务维系
人人都参与俱乐部的运营管理	专业化的管理员参与俱乐部的运营管理
志愿者多	无志愿者
不以营利为目的	以营利为目的
俱乐部的核心是会员	俱乐部的核心是顾客
社团法人治理结构	企业法人治理结构
管理者从会员中选举产生	管理者由投资者出任或聘任管理者
管理人员的职责、任务不明确	管理人员的职责、任务明确

职业体育俱乐部根据不同的分类标准,可以分为不同的类别。

按俱乐部是否营利,可将俱乐部分为商业型体育俱乐部和公益型体育俱乐部,具体内容如图 7-8 所示。

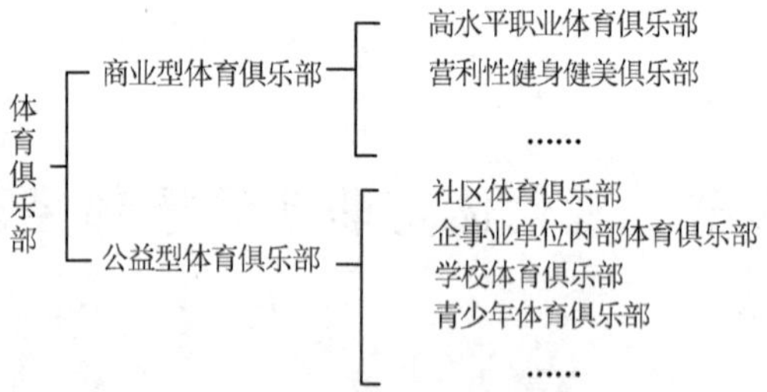

图 7-8 按俱乐部是否营利分类

按俱乐部开展活动的主要领域,可将俱乐部分为竞技体育俱乐部、群众体育俱乐部、学校体育俱乐部,具体内容如图 7-9 所示。

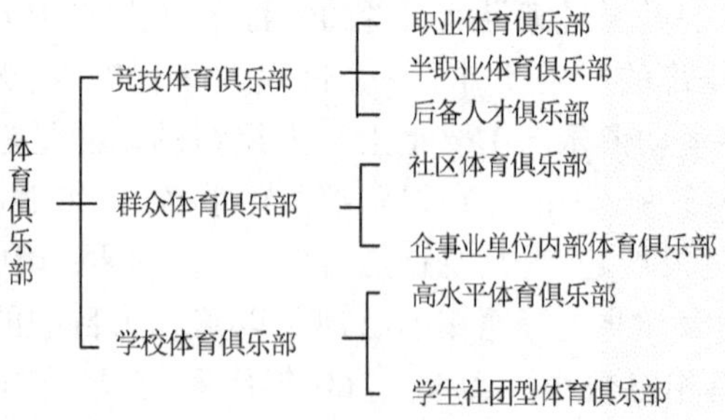

图 7-9 按俱乐部开展活动的主要领域分类

按主办单位的性质,可将体育俱乐部分为政府主办的体育俱乐部、企业主办的体育俱乐部、民间自办的体育俱乐部等。

二、职业体育俱乐部经营内容与方式

(一)职业体育俱乐部经营的主要内容

1. 冠名权经营

从本质上讲,职业体育俱乐部的冠名权经营实际上就是俱乐部寻找冠名赞助商的过程。冠名赞助商的开发考虑三个方面的内容:第一,全方位考虑经济因素;第二,按体育市场规律办事;第三,考虑运用非市场因素,诸如政府的牵线搭桥作用。

冠名权经营在职业体育俱乐部中占据着重要地位,冠名权转让收入通常占俱乐部经营收入的一半以上。我国部分职业体育俱乐部冠名权转让收入的具体内如表 7-11 所示。

表 7-11 我国部分职业体育俱乐部冠名权转让收入

俱乐部	冠名权转让收入(万元)
甲 A 足球俱乐部	1000~2000
甲 A 男篮俱乐部	200~800
排球职业俱乐部	100~500

2. 门票经营

职业体育俱乐部的门票经营收入是其重要的财源,门票经营状况的好坏对俱乐部财政收支的盈亏具有直接影响。例如,2000 年美国最著名的四大职业体育联盟门票的收入就占各自经营收入的 29%~61%,其中 NHL 为 60.5%、NBA 为 40.6%、MBL 为 38.9%、NFL 为 29.1%。[①] 职业体育俱乐部的门票经营,除常见的门票销售外,还包含两种特殊的样式:豪华订座和座位许可。其中豪华订座也被称为豪华包厢销售,主要是指职业体育俱乐部在主场设置豪华包厢以实现相关体育产品推销的经营活动;座位许可主要

① 鲍明晓. 体育产业——新的经济增长点[M]. 北京:人民体育出版社,2000:266.

是指体育消费者通过支付给职业体育俱乐部一定的费用获得购买季票的权利。

3. 广告经营

对职业体育俱乐部而言,广告经营主要包括两个方面的内容:一是场地广告经营,二是服装广告经营。从本质上说,职业体育俱乐部的广告经营是广告特许权的经营,换句话说,就是职业体育俱乐部寻求广告赞助商的过程。

4. 转播权经营

体育活动转播权经营也是职业体育俱乐部经营的重要内容。体育活动转播权包括三个方面:广播电台转播、电视转播、网络转播。职业体育俱乐部通过转播权销售所获得的收入在其总收入中也占有一定的比重。

5. 球员转会经营

职业体育俱乐部球员转会经营主要是指俱乐部根据自己的经营目标,通过一定的方式,以最优的价格买入或转出球员。

6. 球迷产品经营

职业体育俱乐部球迷产品经营主要是指俱乐部为了提高自身在球迷中的影响力,并使球迷获得归属感,而向球迷提供相应的体育产品与服务的经营活动。通常来说,球迷产品经营主要包括两方面的内容:第一,生产和经营具有俱乐部标志意义的产品,如队服、纪念品等;第二,主要是指对球迷俱乐部、训练营观摩等体育服务产品的生产与经营。

(二)职业体育俱乐部的经营方式

职业体育俱乐部的经营方式主要有两种:一种是自营,另一种是委托—代理经营。其中,职业体育俱乐部的自营主要是指由俱乐部自主开发经营一切商业活动的经营方式,在自营模式下,职业体育俱乐部通常采用建立分支机构、开发俱乐部主管市场等方式来进行商业运营。职业体育俱乐部的委托经营主要是指俱乐部将全部或部分的体育活动经营权转让给体育中介机构,由这些中介机构来代理经营的经营方式。当下,职业体育俱乐部采用委托—代理经营方式开展的活动,其目的主要是对自身所拥有的无形的体育资源的开发,如冠名权、广告权、转播权等。

三、职业体育俱乐部融资方式与渠道

(一)职业体育俱乐部的融资方式

职业体育俱乐部的融资方式主要包括两个方面的内容:一是债务融资,二是权益融资。

1. 债务融资

债务融资主要是指利用涉及利息偿还的金融工具来筹措资金的融资方式。债务融资不仅要求俱乐部偿还所借的全部资金,而且要求俱乐部偿还约定的利息。短期融资条件下,职业体育俱乐部的资金主要用于购买体育相关产品、融通经营资金等;长期融资条件下,职业体育俱乐部的资金主要用于兴建赛场、购买训练设备等。

2. 权益融资

权益融资无须资产抵押,它不是贷款,不需要偿还,它赋予投资者在俱乐部中某种形式的股东地位,投资者一方面可以分享职业体育俱乐部的利润,另一方面还可以获得资产的分配权利。

(二)职业体育俱乐部的融资渠道

职业体育俱乐部的融资渠道主要包括两个方面的内容,分别是内部融资渠道和外部融资渠道。

内部融资渠道主要是指职业体育俱乐部从内部获取资金的融资渠道,如俱乐部的经营利润、出售球员所获取的收入等。外部融资渠道主要是指职业体育俱乐部从外部获取资金的融资渠道,主要包括三个方面的内容,分别是商业银行贷款、风险投资和职业体育俱乐部上市融资。

第八章　体育产业与中国经济

本章主要对我国体育产业与我国经济的关系进行了研究，首先阐述了新中国成立以来体育产业建设发展的脉络，其次分析了中国竞技体育产业"举国体制"的形成与发展，再次论述了我国体育产业在国民经济中的地位和作用，最后对我国体育产业管理体制的发展进行了探究。

第一节　中华人民共和国成立以来体育产业建设发展脉络

我国体育产业的建设发展经历了一个漫长的过程，在逐步走向成熟的过程中，规模越来越大、体系越来越完善。我国体育产业的发展主要经历了三个阶段，对我国体育产业发展的阶段性划分比较有代表性的有鲍明晓、刘扶民、赵燕等的划分，具体划分阶段如表 8-1 所示。

表 8-1　我国体育产业发展的阶段性划分

作者	发展阶段
鲍明晓	第一阶段：萌芽阶段（1978—1992 年）
	第二阶段：起步阶段（1992—1997 年）
	第三阶段：起飞阶段（1997 年至今）
刘扶民	第一阶段：萌芽阶段（1978—1992 年）
	第二阶段：探索阶段（1992—2001 年）
	第三阶段：发展阶段（2001 年至今）
赵燕	第一阶段：非市场化的事业型体制阶段（1978—1992 年）
	第二阶段：市场化的突破发展阶段（1992—1996 年）
	第三阶段：产业化正规持续发展阶段（1996 年至今）

体育产业的形成与发展需要建立在市场经济基础上，而中华人民共和国成立时，我国还没有建立市场经济体制，体育事业在1978年以前一直受计划经济体制的管理，体育产业没有形成基石。1978年之后，随着我国经济的快速发展以及市场体制的逐步形成与完善，体育产业应运而生，并快速发展。本书在借鉴前人相关理论经验的基础上，将中华人民共和国成立后的体育产业建设发展脉络分为四个阶段，分别是：萌芽与产生阶段、探索与起步阶段、快速发展阶段以及后奥运发展阶段。

一、萌芽与产生阶段（1978—1992年）

19世纪30年代，随着产业革命的基本完成，资本主义国家的生产力有了巨大的发展，为其资本主义经济的产生与发展奠定了一个良好的基础。而同时，作为一种新兴的产业活动，体育产业开始登上历史舞台。

相较于西方资本主义国家的体育事业，我国体育事业的起步是比较晚的。1959年，毛泽东在第一届全国运动会上提出了“发展体育运动，增强人民体质”的口号，在之后相当长的一段时间内，工间操成了我国人民的主要运动项目之一。但因为受当时社会历史条件的影响，我国主要以国家包办的形式来举办体育活动，体育事业的发展还没有市场化的迹象。在这样的发展模式下，我国的体育事业出现了资金供给不足等问题。为了满足人们日益增长的体育文化需求，推动体育产业的发展，国家于1984年、1986年分别颁布了《关于进一步发展体育运动的通知》《关于体育体制改革的决定（草案）》两份文件。文件颁布之后，国家采取相应的政策来鼓励开展体育活动、发展体育事业，对我国体育产业的发展起到了积极的推动作用。

改革开放之后，为了解决体育产业发展资金不足的问题，原国家体委开始倡导社会参与办体育的理念，并提出了“以体为主、多种经营”的发展思路。之后，事业型体育逐渐转变为经营型体育。我国体育产业在发展的初期是比较单一的，主要包括体育活动的开展、体育教育的培训两方面内容。所以，在倡导发展经营型体育的同时，国家一方面鼓励地方将部门非经营型的资产转化为经营型的资产，另一方面号召地方着手体育实体企业的筹划工作。

20世纪80年代初期，我国部分体育馆开始转换发展模式，采取引入社会资金的发展举措，很多体育赛事、运动队等得到了社会资助。20世纪80年代后期，我国体育场馆的事业型性质被体育场馆经营的市场化取代，体育产业的建设发展进入了一个崭新的时期。20世纪90年代末，我国已初步建立了四个职业体育俱乐部（足球、篮球、排球、围棋）和一个准职业体育俱乐部(乒乓球),这为我国体育产业的建设发展提供了有力支撑。

这一阶段,我国体育产业建设发展的特征主要表现在两个方面:第一,体育场馆率先进行改革,最主要的表现形式是体育场馆向社会成员开放,相关部门在确保体育活动正常进行的同时,积极寻求社会各界的支持,并通过采取各种经营手段,在提高体育场馆使用率的同时实现自负盈亏。第二,体育竞赛活动与企业相结合,积极倡导引入社会资金办体育的发展模式,形成"内引外联、体育搭台、经贸唱戏"的发展格局。

二、探索与起步阶段(1992—1998 年)

1992 年,邓小平同志在南方谈话中提出了建设社会主义市场经济的构想。中共十四大正式提出建立社会主义市场经济体制的目标,这一目标确立之后,我国体育事业的改革有了新的目标,即促进体育的产业化和市场化。自此以后,我国的体育产业进入了探索与起步阶段。我国体育产业发展探索的具体内容如表 8-2 所示。

表 8-2　我国体育产业的发展探索

时间	文件/企业	举措/意义
1992 年 5 月	《体育事业十年规划和"八五"计划》	①加强体育经济管理; ②多渠道筹集体育经费; ③提高经济效益
1992 年 6 月	《关于加快发展第三产业的决定》	①第三产业要以产业化为发展方向; ②建立第三产业的自我发展机制
1996 年 4 月	《国民经济和社会发展"九五"计划和 2010 年远景目标纲要》	体育要走社会化、产业化的道路
1997 年 7 月	中体产业股份有限公司上市	我国最大的股份制体育公司

这一阶段是我国体育产业发展的关键时期,其间我国体育产业建设发展的特征主要表现在三个方面:第一,原国家体委与相关部门颁布相关文件支持体育产业的发展;第二,体育俱乐部迈向职业化;第三,体育产业发展模式改变,形成以竞赛表演和健身娱乐为代表的多种业态共同发展的模式。

三、快速发展阶段(1998—2008年)

我国体育产业在1998年至2008年进入快速发展时期,这一时期我国体育产业的发展指数如表8-3所示,体育产业的发展时间序列如图8-1所示。

表8-3　1998—2008年体育产业发展指数

年份	指数	增长率(%)
1998	1.5793	—
1999	1.5940	0.93
2000	1.5766	-1.09
2001	1.5964	1.25
2002	1.6384	2.63
2003	1.7418	6.31
2004	1.9195	10.20
2005	2.0247	5.48
2006	2.1409	5.47
2007	2.1703	1.38
2008	2.1769	0.30

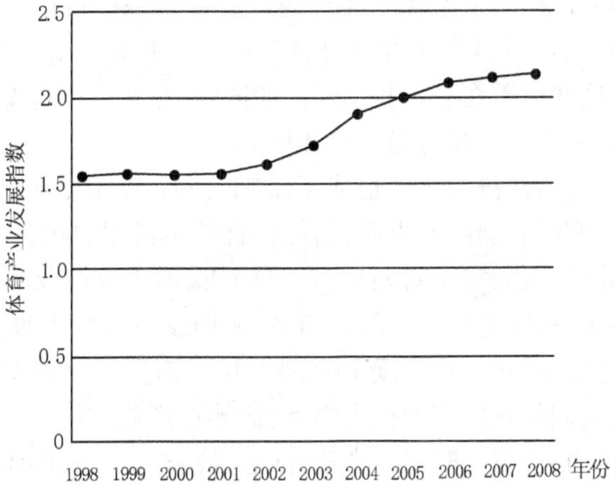

图8-1　1998—2008年体育产业发展时间序列

由表 8-3 我们可以发现,这一阶段我国的体育产业整体上呈现快速发展的态势,产业指数增长了 37.83%。由图 8-1 我们可以得知,在这十年内,虽然我国的体育产业一直呈现发展的状态,但是在不同的年份,体育产业的发展速度有一定的差异。

在这一阶段,对我国体育产业发展影响较大的事件有两个:第一,1998 年,原国家体委更名为国家体育总局,由国务院职能部门转变为国务院直属机构。这一改变对我国体育事业的发展产生了巨大影响,不仅标志着我国体育改革的全面启动,而且标志着我国体育产业的发展进入了一个崭新的发展阶段。第二,2001 年,我国赢得 2008 年奥运会的举办权。申奥成功是我国体育发展史上的重要里程碑,对我国体育产业的发展产生了极为重大的影响,如体育产业化进程加快、体育产业结构更趋合理、体育投资主体多元化等。

四、后奥运发展阶段(2008 年至今)

北京奥运会的成功举办将我国的体育事业推到了一个新的高度,不仅极大地激发了人们参与体育活动的热情,而且有力地推动了我国体育产业的发展。北京奥运会对我国体育产业的影响主要表现在三个方面:体育产业的国际化进程加快、体育产业的管理更加规范化、体育产业的成长空间扩大。

在这一阶段,对我国体育产业影响较大的事件是由美国次贷危机引发的国际金融危机。金融危机的爆发给我国的经济结构、管理体制等造成了不同程度的影响,但同时也给我国经济的发展带来一些机遇。我国在着力应对金融危机时,通过采取各种措施来维持经济的稳定发展,比如寻找新的经济增长点等,这些举措在稳定我国经济的同时,也在一定程度上为我国体育产业的发展创造了一个相对稳定的环境。

金融危机不仅给经济的发展造成了影响,而且也给人们的精神造成了一定的影响。人们担心会随时失业,精神一直处于紧绷的状态。与此同时,很多企业开始裁员,人们空闲时间增多。这对我国体育产业的影响主要体现在两个方面:第一,随着空闲时间的增多,人们参与体育活动、进行体育锻炼的频率也随之增加,在一定程度上有助于我国体育产业的发展;第二,金融危机爆发后,人们处在巨大的压力之下,而体育产业的优点之一是能够有效缓解人们的压力,所以当时很多产业都陷入疲软的状态,而体育产业却因受到人们的喜爱而有所发展。

我国的体育产业在后奥运阶段虽然经历过多重困难,但整体上还是呈现出快速发展的态势,体育产业的增加值也一直保持着增长的状态。我国体育产业的增加值由2007年的1265亿元,增加到2017年的7857亿元,充分证明了我国体育产业良好的发展势头。图8-2为我国体育产业的增加值。

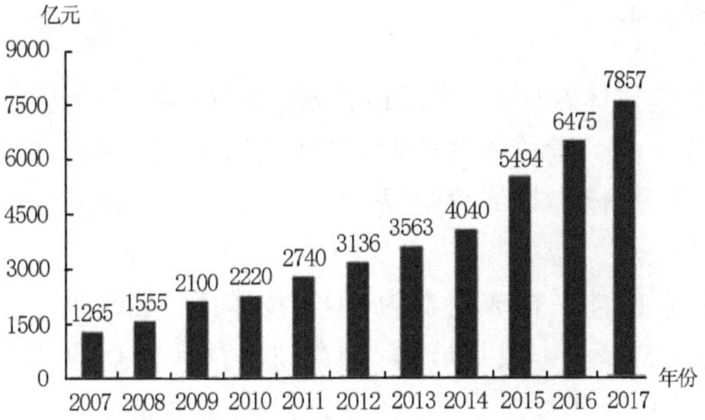

图8-2　我国体育产业的增加值

第二节　中国竞技体育产业“举国体制”的形成与发展

一、相关概念及范畴

(一)竞技体育产业

1.竞技体育

竞技体育是人类社会共有的一种现象,由游戏发展而来。竞争是人类社会发展的动力,竞技体育的产生、发展也是人类社会发展的必然。要对竞技体育概念进行界定,可以从狭义、广义两个角度出发。从狭义的角度来看,竞技体育主要包括正式的竞技运动和职业竞技运动两种;从广义的角度来看,只要具有游戏的属性,并且是与他人进行竞争或向自然障碍进行挑战的运动,就是竞技体育。当前,竞技体育虽然保持着娱乐的性质,但已经不再只是人们为了休闲、放松等进行的运动了,而是成为展示个人运动能力、显示个人与团体的力量、扩大自身影响的手段,成为一种独特的社会现象。

竞技体育是体育运动的重要组成部分,其基本形式是对抗性竞赛,目的是最大限度地发挥出运动员的体能、运动技能等,使其在竞赛中获取优异的成绩。竞技体育的根本属性是竞争性和挑战性,因此日常生活中那些以娱乐、休闲为目的的竞赛活动并不具备竞技体育的本质特征。

2. 竞技体育产业

为大众提供竞技体育服务、产品的活动,或与这些活动相关的活动的集合就是竞技体育产业。竞技体育产业包括体育竞赛业、体育用品业、体育传媒业、体育博彩业等,核心是体育竞赛业。对体育产业而言,竞技体育产业占据的是主体地位。

竞技体育产业的体系构成要素为:①竞技体育经营活动主体,包括运动项目本身、运动员、教练员、裁判员等;②竞技体育项目基地,即竞技体育项目活动的场所;③竞技体育俱乐部,这是竞技体育产业的实体,俱乐部中有完善的管理制度、有各种资源与人才,是竞技体育产业发展的中枢;④竞技表演市场,这是竞技体育产业的支撑,由消费群体构筑;⑤新闻媒介,这是竞技体育产业宣传的窗口。

竞技体育的环境构成包括社会环境、经济环境、历史环境、自然环境等,这些都是影响竞技体育产业发展的重要因素。竞技体育环境与体育产业的关系主要体现在两个方面:一方面,竞技体育产业的产生、发展离不开竞技体育产业环境的发展与变化;另一方面,竞技体育产业环境的差异造成了不同国家、地区体育产业的差异。具体而言,影响竞技体育产业发展的环境因素有国家政治制度、经济发展水平、教育文化水平、社会风俗、自然环境、地理条件等。

(二)举国体制

举国体制指的是将国家的利益作为最高的目标,动员、调配相关的资源与力量等,用来攻克某项世界尖端领域或重大项目的工作体系与运行机制。在体育方面,相关学者对举国体制概念的认识有以下几种观点:2000 年出版的《体育管理学》中提到,举国体制就是 20 世纪 50 年代以来我国形成的体育管理体制;同年出版的《体育科学词典》认为,举国体制表现在体育领域就是国家集中、调动所有体育资源,促进体育发展的体育管理体制,其特点有三个,一是政府全面管理体育事业,行使近乎全部的管理职责;二是由国家承担经济义务;三是将行政方法作为主要的管理手段,计划机制处于支配地位。

总体来说,举国体制是一种国家集中力量办事的模式,竞技体育领域的举国体制就是我国的体育事业在一定的时期,为了特定的目标、需求等,集中、统一国家的力量,使我国体育事业迅速发展的机制和相应的组织机构。具体到体育竞技上,即以获得国际上重大比赛的冠军为目标,调动国内有关资源与力量以取得比赛成绩的工作体系与运动机制。

二、中国竞技体育产业"举国体制"的形成

(一)"举国体制"的形成背景

中华人民共和国成立初期,我国在政治、外交等领域受到了欧美国家的封锁,经济发展水平较低,处在内外交困的境地中,为了打破这种局面,展现我国的实力、鼓舞全国人民的士气,我国开始进行各项建设工作,体育事业的建设也成为社会主义建设的重要部分。

1949 年,我国召开了"中华全国体育总会筹备委员会"会议(后称"中华全国体育总会第一届代表大会"),会议对我国体育事业的建设工作进行了强调;1952 年,中华全国体育总会成立大会成功召开,该会议之后,我国由团中央领导、中华全国体育总会操作、教育部或中华全国总工会等部门协作的体育管理模式基本成形;1952 年,在参考苏联、东欧等社会主义国家体育管理制度之后,我国成立了"中央人民政府体育运动委员会",决定由体育运动委员会来管理全国体育工作;到了 1956 年,我国体育管理组织体系基本完善,形成了体育管理的三大组织系统,同年,国务院通过的《体育运动委员会组织简则》中规定由国家体育运动委员会统一领导与监督全国体育事业;从 1957 年开始,我国体育社会组织管理系统的功能与作用开始渐渐削弱,国家体委包揽了国家体育事业各个方面的工作,使用的是高度集权型的运行机制,由国家集中人力、物力、财力资源,并对资源进行统一的规划与调整,有计划地攻克重点、尖端项目,以在短时间促进我国体育的发展。这一时期我国的体育管理制度使我国体育的发展取得了一定成就,如 1960 年我国成功攀登世界第一高峰,1961 年我国在第 26 届世界乒乓球锦标赛上取得了突出成绩。

(二)"举国体制"的正式形成

1978 年,党的十一届三中全会召开,提出了"解放思想、实事求是"方针,全国工作的重心向社会主义建设转移,全国各级体委重新建立,中华全国体育总会、中国奥委会等开始重新运作;1979 年,原国家体委决定突出奥

运战略，集中力量发展体育事业，同年召开的“全国体育工作大会”提出，要将体育工作的重点转移到体育业务工作上，同时确定了要将体育普及和体育提高相结合的政策方针，“举国体制”基本形成；1980 年召开的“全国体育工作大会”决定将竞技体育发展作为体育工作的重点，这就确定了竞技体育的中心地位。

1978—1980 年三次会议的召开标志着我国“举国体制”正式形成，从此之后我国走向了体育强国之路。

三、中国竞技体育产业“举国体制”的发展

“举国体制”在形成之后经历了自我发展与改革，其发展和改革大致可以分为 4 个阶段，第一阶段是改革酝酿阶段（1978—1983 年），第二阶段是初步改革阶段（1984—1992 年），第三阶段是深化改革阶段（1993—2000 年），第四阶段是渐进式改革阶段（2000 年至今）。

（一）改革酝酿阶段（1978—1983 年）

“举国体制”正式确立后，我国的体育发展基本步入正轨，为了使我国体育有更进一步的发展，我国开始酝酿改革。

1981 年，我国进行了提高体育总会、单项体育协会与行业体育协会地位与作用的改革尝试；1983 年进行了训练体制、竞赛体制的改革；1984 年进行了体育科研体制改革。这一系列改革的方向与 1978—1982 年调整的方向基本上是一致的，这些改革尝试使我国“举国体制”发展更加完善。

（二）初步改革阶段（1984—1992 年）

1986 年，《关于体育体制改革的决定（草案）》的颁布是我国“举国体制”改革的开端。这一阶段的改革重点是：国家承包体育向国家承办和社会承办相结合过渡、实现行政机构职能的转变、使体协得到恢复与发展等。同时，在这一阶段，我国决定发动全社会办体育，并对科研体制、训练、竞赛等进行了改革。本次的改革是对原有体育体制的修补，虽然解决了当时的一些问题，但没有触及根本，旧体制中的一些弊病依然存在。

（三）深化改革阶段（1993—2000 年）

1992 年，我国确立了市场经济体制，在此背景下，我国开始进行体育改革；1993 年，国家体委下发了《关于深化体育改革的意见》，我国体育体制改

革正式开始;1998 年,国家体委进行了机构改革,此次改革将国家体育运动委员会改为国家体育总局,将政府的职能由办体育变为间接管体育,改变了国家队集中训练的模式。

同时,在这一阶段,我国也开始将体育工作的重心从发展竞技体育向提升全民的身体素质转移。1955 年,我国通过了《全民健身计划纲要》,随后又通过了《国民经济和社会发展"九五"计划和 2010 年远景目标纲要》,两份文件都提出我国要实施全民健身计划,要将普及体育活动、加强学校教育作为重点。

(四)渐进式改革阶段(2000 年至今)

进入 21 世纪之后,我国体育改革的目标是不断提升资源配置的效率,转变体育管理部门职能,促进体育与经济、文化等的协调发展。

2000 年,国家体育总局颁布的《2001—2010 年体育改革与发展纲要》明确提出了我国体育改革发展的目标、方针等,同时也提出了一些我国体育改革的意见与发展对策;2002 年,中共中央、国务院发布了《中共中央、国务院关于进一步加强和改进新时期体育工作的意见》,要求全面实施竞技体育发展战略,大力推进全民健身计划,并深化体育体制改革;同年 2 月,国家体育总局发布了《2001—2010 年奥运争光计划纲要》,要求坚持、完善"举国体制",不断提升我国的体育竞技水平和综合实力;2006 年,国家体育总局发布《体育事业发展"十一五"规划》,指出我国竞技体育的目标是:在重要的国际比赛中获得优异成绩,形成国家承办和社会承办相结合的竞技体育发展格局;2011 年,国家体育总局颁布了《2010—2020 年奥运会争光计划纲要》,指出要进一步完善中国特色竞技体育发展模式,促进我国竞技体育产业的全面、协调发展;2016 年,国家体育总局印发了《竞技体育"十三五"规划》,指出了"举国体制"的完善与创新问题。

当前,我国"举国体制"仍处于渐进式改革阶段,其改革会持续推进、深化,进而促进我国竞技体育产业的发展与进步。

第三节 中国体育产业在国民经济中的地位和作用

我国体育产业在国民经济中的地位主要由体育产品的消费功能决定,其作用的发挥与社会对体育产业的需求程度密切相关。本节主要分析了我国体育产业在国民经济中的地位与作用,并对提高体育产业在国民经济中的地位和作用的举措进行了简单阐述。

一、我国体育产业在国民经济中的地位和作用

(一)我国体育产业在国民经济中的地位

1.体育产业在国民经济中的地位变迁

在原始社会时期,由于受到社会生产力发展水平的影响,人们所从事的体育运动往往与宗教祭祀、狩猎活动、军事活动等密切相关,现代意义上的体育活动还没有形成,体育产业更无从说起。

进入封建社会,随着社会生产力的发展,社会生产方式与人们的生活方式都发生了巨大的变化,人们对体育的需求不再局限于原始社会时期单纯的谋生需要,开始认识到体育的健身价值与娱乐价值,当然,这种认识是比较肤泛的。这一时期,体育的作用主要表现在两个方面:第一,体育是统治阶级维护其统治地位的工具;第二,体育是统治阶级用于娱乐消遣的工具。虽然在封建社会末期,体育的服务对象有所扩展,但其仍然是一种小众性的活动,体育产业还没有适宜生长的环境,其对经济的作用也无从谈起。

在现代社会,随着社会经济的高度发展,人们的生活水平有了很大程度的提高,可支配收入也有了明显的增加,人们在满足物质需求的同时,也给予精神生活更多的关注,这为体育产品成为人们生活中的重要组成部分提供了有利条件。体育产品作为一种消费品,具有休闲娱乐、强身健体等功能,不仅能够满足人们放松身心的追求,而且有助于提高人们的身心功能。这些都使体育产品在人们生活中所扮演的角色越来越重要,成为人们生活中不可或缺的享受资料和发展资料。而随着体育产品生产与消费的不断扩大,体育市场的逐渐形成,体育产业也逐步发展起来,并成为推动经济发展的“朝阳产业”,对我国国民经济的发展起着巨大的推动作用,在国民经济中的地位日益突出。

目前,我国正处于全面建设小康社会时期。根据发达国家现代化的发展历程和产业结构演变历程可知,我国的国民经济将继续“软化”。[①] 而随着我国全面小康社会的建成,人们的收入水平会继续提高,消费层次也会继续提高,作为能够满足人们多方面需求的体育产品也将会拥有更加广阔的

---

① “软化”一词由李江帆提出,指的是第三产业在国民经济中的比重进一步上升。

市场前景，这必然会提升体育产业在我国国民经济中的地位。

2. 体育产业在国民经济中的地位分析

体育产业在国民经济中的地位主要取决于三个方面的因素，分别是体育产业的性质、体育产业的发展规模、体育产业的运行状况。

(1)体育产业的性质。

从体育产业的性质来看，体育产业的主体产品主要包括两个方面的内容，即物质性体育产品和体育服务产品。体育产业提供的体育产品不仅具有满足人们多方面体育需求的功能，而且具有创造社会经济效益的经济功能，这使体育产业成为提高人们生活质量、推动国民经济发展的重要产业。

(2)体育产业的发展规模。

从体育产业的发展规模来看，随着社会经济的发展，人们的收入水平有了明显提高，体育消费意识也明显增强。而随着体育消费意识的增强，人们在体育产品上的支出也有了显著增加，这有力地推动了我国体育产业产值的增加、规模的扩大，从而提高了体育产业在国民经济中的地位。

(3)体育产业的运行状况。

从体育产业的运行状况来看，体育产业虽然是一种新兴的服务产业，但其在发展的过程中已创造出了良好的经济效益和社会效益，成为一种“朝阳产业”，并展现着良好的发展势头。体育产业所具有的发展潜力，不仅有助于继续提高体育产业在我国国民经济中的地位，而且使体育产业成为我国 21 世纪最有活力的产业之一。

(二)我国体育产业在国民经济中的作用

我国体育产业在国民经济中的作用主要表现在四个方面：拉动体育消费市场、推动经济增长，增加就业机会，促进我国产业结构调整，带动企业投资增长。

1. 拉动体育消费市场、推动经济增长

体育产业作为一种“朝阳产业”，在满足人们日益增长的体育需求的同时，也在刺激着人们的体育消费。2015—2018 年，我国体育消费市场稳步增长，从 4760.1 亿元上升到 9105.3 亿元，展现出良好的发展势头。2019 年国家体育总局与国家发展改革委发布《进一步促进体育消费的行动计划(2019—2020 年)》，预计 2020 年我国体育消费市场将达到 1.5 万亿元。图 8-3 为 2015—2018 年我国体育消费市场增长趋势及预测。体育产业的发展在拉动体育消费市场发展的同时，也在不断提高其自身在我国国民经济中的地位和作用,将更有助于推动我国国民经济的增长。

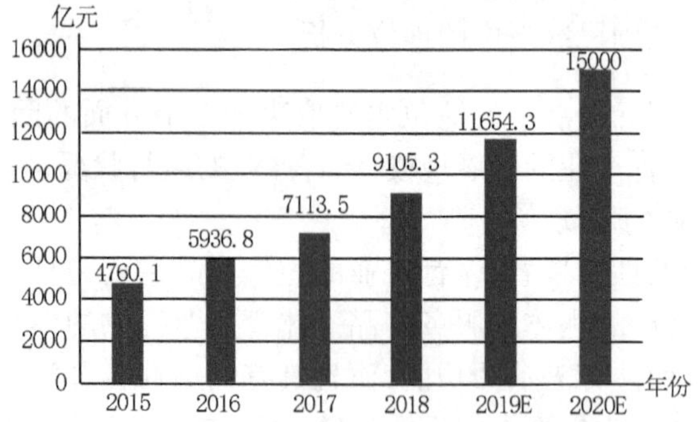

图 8-3　**2015—2018 年我国体育消费市场增长趋势及预测**

2. 增加就业机会

体育产业属于第三产业中的劳动密集型产业,它的发展能够为社会提供更多的就业机会,进而有助于社会秩序的稳定以及社会经济的发展。2006年,我国的体育产业就业人数为 256 万人,2016 年时已达到 440 万人,体育产业所容纳的就业人员增长明显。相较于西方发达国家,我国体育产业的就业总人口还比较低。但是,我们有理由相信,随着我国体育产业的不断发展、体育产业管理机构的不断完善,体育产业从业总人数将会快速增长。

3. 促进我国产业结构调整

第三产业是国民经济的重要组成部分,对国民经济的发展具有巨大的推动作用,其在国民经济中所占的比例也是衡量一个国家发展程度的重要指标。1960 年,我国第三产业占 GDP 的比重为 32.4%,远远低于西方发达国家;2015 年,我国第三产业占 GDP 的比重为 50.5%,首次突破 50%,但相较于西方发达国家,我们还存在很大的差距。图 8-4 为 1960—2017 年我国第三产业占 GDP 的比重。

图 8-4　**1960—2017 年我国第三产业占 GDP 的比重**

随着我国经济结构的不断调整,体育产业的发展规模会越来越大,其在第三产业中的比重也会不断增加,同时体育产业在国民经济中的地位也会不断提升,进而使我国的产业结构得到优化与提升。

4. 带动企业投资增长

随着我国产业结构的不断调整,体育产业作为一种"朝阳产业",它的优势越来越突出。越来越多的企业认识到投资体育产业可获取高收益,再加上国家政策的鼓励与支撑,他们开始将资金投向体育产业,如组建体育俱乐部等。企业资本大量流入体育产业,不仅能够推动我国体育产业的发展壮大,而且有助于推动我国国民经济的发展。

二、提高体育产业在国民经济中地位和作用的举措

为了提高体育产业在国民经济中的地位和作用,我国体育产业发展的举措应集中在以下三个方面。

(一)建立投资、融资机制

提高体育产业在国民经济中的地位和作用,首先需要加大对体育事业的金融支持力度,通过建立与体育产业发展相适应的投资、融资机制,弥补我国体育发展过程中资金不足的缺陷,为我国体育产业的发展壮大提供有力的支撑。

(二)加强对体育市场的开发与经营

加强体育市场的开发与经营必须以市场为导向,在充分利用体育产业资源的基础上,做好体育产业的开发与经营工作,从而为体育市场的发展奠定良好的基础。比如,在建设体育基础设施时,要坚持"谁投资,谁受益"的原则,在鼓励社会、企业、个人参与体育事业建设的过程中,推动体育市场的开发与经营,进而推动体育产业的发展。

(三)加大体育基础设施建设力度

提高体育产业在我国国民经济中的地位和作用还需要加大对体育基础设施的建设力度,以保证体育产业的良性发展有配套基础设施的支撑。加大体育基础设施建设力度可以从三个方面入手:第一,政府将体育基础设施建设纳入发展规划中,并制定相关的开发和建设政策;第二,政府通过加大

资金的投入力度,支持体育基础设施的建设;第三,政府通过完善管理方式,推动体育基础设施的建设,如对外承包或租赁体育场馆等。

第四节　中国体育产业管理体制的发展

一、中国体育产业管理体制的历史演变

我国体育产业管理体制的发展主要经历了四个历史时期,分别是初始萌芽期、初步成长期、改革期和蜕变期。

(一)初始萌芽期(1978—1992 年)

1. 管理体制概述

这一阶段,我国的政治、经济、文化等事业还处在一个探索发展的状态中,其中,经济领域中计划商品经济的探索,对我国体育产业萌芽的形成产生了重大影响。

这一时期,我国在体育产业管理体制上主要实行"举国体制",国家体委在我国体育事业的发展中起主导作用,地方体委起辅助作用,体育产业的管理工作由国家体委、地方体委等相关部门协调进行。这一阶段我国体育产业管理体制的特点主要包括三个方面:就体育产业管理机构设置而言,此期还没有形成专门的管理机构,体育经济活动的进行由某些部门代行管理;就权限划分而言,国家体委在体育经济活动和体育市场管理中拥有统一领导权,其他相关部门权限较为模糊;就运行机制而言,以国家体委的领导机制为主,实行有计划的商品运营管理。

2. 管理体制形成背景

1978 年,党的十一届三中全会确立"以经济建设为中心,实行改革开放"的政策,之后开始进行经济体制改革的探索。此外,国外具有体育产业性质的企业开始入驻中国市场。这些因素为我国体育产业的形成提供了有利条件。

1979 年,国家体委提出将体育工作的重心转移到体育业务工作上,并将之后的三年定为初步调整期。此后,我国体育事业开始走向正规。

1984—1985 年,我国发布了《关于经济体制改革的决定》《关于教育体制和科技体制改革的决定》等一系列政策,推动了我国相关体制的发展与完善。受这些体制改革的影响,1986 年,国家体委发布了《关于体育体制改革的决定(草案)》,对体育体制进行改革,我国体育产业开始发展起来,体育产业管理体制的基本框架也逐步确立。需要注意的是,虽然这一时期国家采取了多项措施来加强对体育产业的管理,但大多数体育相关部门对体育产业的认识依旧停留在"体育搭台,经贸唱戏"上,体育产业的发展并没有形成自己特有的发展体系。

3. 管理体制的绩效与影响

这一时期,随着我国体育产业萌芽的出现、改革开放步伐的加快,体育产业管理体制得以逐步确立,这为我国体育产业的规范化发展提供了框架与体系的支撑。在该阶段管理体制下,我国体育产业所取得的绩效主要表现在体育品牌和企业的出现,如 1990 年李宁公司成立,创制的李宁品牌产生了巨大的经济效益和社会效益。但这一阶段,我国体育产业的发展主要还是依靠国家体委,体育市场上呈现出政府"一家独大"的局面,民营企业并没有真正走入体育市场,这种管理体制在一定程度上不利于我国体育产业健康发展。

(二)初步成长期(1993—1997 年)

1. 管理体制概述

该阶段我国体育产业管理体制逐步完善,并为我国体育产业管理机制的形成奠定了良好的基础。在机构设置方面,政府管理系统机构与社会管理系统机构的雏形开始出现;在权限划分方面,政府管理系统手握大权,社会管理系统的权责相当有限;在运行机制方面,我国体育产业管理体制仍以国家体委领导为主。

2. 管理体制形成背景

这一阶段我国体育产业管理体制形成的背景主要表现在三个方面:第一,1992 年,我国开始全面建设社会主义市场经济体制;党的十四大后,关于建设中国特色的市场经济理论不断完善。第二,我国的政治体制建设取得了一定成就,社会发展迅速。第三,对外开放持续发展,西方体育的相关理念与体育产品不断涌入我国体育市场。

受这些因素的影响,我国的体育体制也在进行逐步深化,开始探索体育产业化的发展道路:政府通过制定相关政策,逐步将体育产业管理的权限让渡给社会,形成相对活跃的自我发展机制和管理机制,从而促进我国体育产业的持续发展。

3. 管理体制的绩效与影响

这一阶段,我国体育产业管理体制改革取得一定的成效。1993 年,国家体委印发了《关于培育体育市场,加快体育产业化进程的意见》,为我国体育产业管理体制的完善与体育产业自身的发展提供了方向性指导。1994 年,国家体委成立 14 个运动项目管理中心;体育彩票正式发行。1995 年,国家体委颁布《体育产业发展纲要》,以政策的形式为我国体育产业管理体制的完善以及体育产业的发展给予指导;第一届中国职业篮球联赛开幕。1996 年,北京五环股份有限公司上市,它是我国首家具有体育产业性质的公司。

但这一阶段,在我国体育产业管理体制中依然存在政府对体育企业干预过多的现象,体育产业的长远发展仍受管理体制不完善的限制。

(三)改革期(1998—2008 年)

1. 管理体制概述

这一阶段,我国体育产业管理体制在改革中不断完善,其最大的特征是逐步从政府主导管理型向政府与社会结合管理型转变。需要注意的是,此期国家体委更名为国家体育总局,自此我国体育管理开启新的篇章,体育产业管理体制也随之逐步完善。

2. 管理体制形成背景

这一阶段我国体育产业管理体制形成的背景主要有三个:第一,进入 21 世纪后,我国的经济发展迅猛,社会主义市场经济体制逐步完善。第二,我国加入世贸组织,在国际舞台上的话语权和威望逐步提高。第三,我国在悉尼、伦敦、北京三届奥运会中都取得了骄人的成绩,激起了人们参与体育的热情,体育产业也越来越受到人们的关注。

3. 管理体制的绩效与影响

这一阶段我国体育产业管理体制所取得的成效包括:①出现安踏等知名体育品牌;②我国成为体育产品的制造大国;③体育产业法律法规开始建立;④体育产业管理体制更加完善。

我国体育产业在该阶段虽然取得了相当大的成效，但依然存在需要改进的地方，主要包括三个方面：第一，体育产业发展规模小，难以形成规模效应；第二，体育产业结构不尽合理，体育产品制造业与销售业在体育市场所占份额大、发展速度快，而体育竞赛表演业等则发展较慢；第三，体育产业布局不合理，东部体育产业与西部体育产业存在很大的差距。

（四）蜕变期（2009年至今）

1. 管理体制概述

这一阶段，我国体育产业管理体制在总结前面三个时期发展经验的基础上，继续进行相应的改革与完善。体育产业管理体制开始由政府与社会结合管理型向社会主导管理型转变。在机构设置与权限方面，虽然依然存在政府管理系统与社会管理系统，但主要的管理工作已由社会管理系统掌控。

2. 管理体制形成背景

这一阶段我国体育产业管理体制形成的背景主要有三个：第一，我国政治体制、经济体制、文化体制深入发展；第二，2008年以后，我国不断对体育体制进行改革与调整；第三，体育产业的相关政策与法规不断完善。

3. 管理体制的绩效与影响

这一阶段，我国体育产业在国家相关政策的支持下取得了较为快速的发展，体育产业的管理制度也趋于完善，体育产业朝着可持续性发展的方向迈进。但需要注意的是，我国的体育产业仍处于起步阶段，体育产业的管理体制落后于体育产业实践的发展。

二、中国体育产业现行管理体制及存在的问题

（一）中国体育产业现行管理体制

1. 机构设置

我国体育产业现行管理体制的机构主要由两部分组成，分别是政府管理系统和社会管理系统。其中，政府管理系统又可分为政府一般管理系统

和政府专门管理系统,社会管理系统又可分为社会专门管理系统和社会非专门管理系统。体育产业管理系统的具体内容如图 8-5 所示。

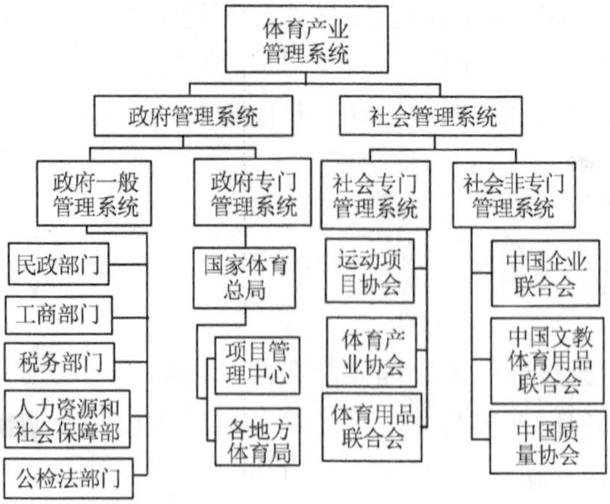

图 8-5　体育产业管理系统

2. 权限划分

权限划分主要是划分政府系统的权限和社会系统的权限。政府系统的管理部门主要履行具有产业普遍性的职能,如工商部门主要是对具有体育产业性质的企业注册进行管理,税务部门主要是对具有体育产业性质的企业税收进行管理。社会系统的管理部门主要是对其所管辖的体育产业进行管理,如中国质量协会对具有体育产业性质的企业所生产的体育产品履行管理职责。

3. 运行机制

当下,我国体育产业管理体制的运行机制正由行政主导型管理向行政指导型管理转变,国家体育总局正在积极进行改革,保证政府管理系统和社会管理系统都能在体育产业管理中发挥最大的作用,并能够使市场机制逐渐成为我国体育产业管理的主要运行机制。

(二)我国体育产业现行管理体制存在的问题

我国体育产业现行管理体制存在的问题主要包括四个方面:机构设置不合理、权限划分不清、市场运行机制不通畅和发展滞后于其他体制。

1. 机构设置不合理

我国体育产业现行管理体制机构设置不合理主要表现在两个方面:就

政府管理系统方面而言，虽然我国国家体育总局体育经济司设置了体育产业处来管理我国的体育产业，但体育产业处的职能与权责定位模糊，而且体育经济司下各机构之间的联系也比较松散。此外，中央与地方体育产业管理机构之间的关系也不够清晰。就社会管理系统方面而言，我国体育产业现行管理体制机构设置的不合理主要表现为两点：第一，体育产业的相关行业协会比较缺乏；第二，现存的体育产业相关的行业协会受国家体育总局的统一管理，缺乏必要的独立性。

2. 权限划分不清

权限划分不清主要表现在两个方面：一方面，政府管理系统与社会管理系统之间、国家体育总局各个部门之间、各体育产业社团之间等权限不清；另一方面，由于在一些问题上没有达成共识，如该由政府系统的管理部门管理，还是由社会系统的管理部门管理等问题，使我国体育产业管理体制中存在权限划分不清的问题。

3. 市场运行机制不通畅

在西方发达国家的体育产业管理中，市场管理与社会管理发挥着同等重要的作用，体育产业在市场运行机制的作用下，形成了一个良性循环的发展模式。相较于西方发达国家，我国体育产业的管理主要由政府掌控，运行方式上也多采取“管办一体”的集权模式，这在很大程度上限制了市场运行机制作用的发挥，对我国体育产业的长足发展是非常不利的。

4. 发展滞后于其他体制

相较于我国成熟的政治体制、经济体制、文化体制，我国体育产业管理体制的发展是极为滞后的，是不能适应我国当前的经济体制的。体育产业管理体制发展的滞后势必会导致体育产业管理运行机制的滞后，进而对我国体育产业的可持续性发展产生不利影响。

参考文献

[1]赵玉林.产业经济学[M].北京:中国人民大学出版社,2017.

[2]米雄辉.体育经济学[M].北京:光明日报出版社,2016.

[3]靳英华.体育经济学[M].北京:高等教育出版社,2011.

[4]钟天朗.体育经济学概论[M].上海:复旦大学出版社,2010.

[5]曹可强.体育产业概论[M].上海:复旦大学出版社,2004.

[6]周西宽.体育基本原理教程[M].北京:人民体育出版社,2004.

[7]鲍明晓.体育产业——新的经济增长点[M].北京:人民体育出版社,2000.

[8]张宏磊,陈璟,莫飞.内省外延:中国体育产业发展新论[M].北京:中国原子能出版社,2017.

[9]江小涓.体育产业的经济学分析:国际经验及中国案例[M].北京:中信出版社,2018.

[10]赵玉林.高技术产业发展与经济增长[M].北京:中国经济出版社,2009.

[11]阮光珍.高技术产业集聚研究[M].北京:科学出版社,2012.

[12]单元媛.高技术产业融合研究[M].北京:科学出版社,2012.

[13]苏东水.产业经济学[M].北京:高等教育出版社,2010.

[14]任芳.高技术产业关联理论与实证[M].北京:科学出版社,2013.

[15]叶连松.转变经济发展方式与调整优化产业结构[M].北京:中国经济出版社,2011.

[16]郑芳.基于要素分析的职业体育治理结构研究[M].杭州:浙江大学出版社,2010.

[17]丛湖平,郑芳.体育经济学(第二版)[M].北京:高等教育出版社,2015.

[18]李宗浩.体育经济学[M].桂林:广西师范大学出版社,2005.

[19][德]马克思,恩格斯.资本论(书信集)[M].北京:人民出版社,1976.

[20]李子奈,潘文卿.计量经济学[M].北京:高等教育出版社,2008.

[21]詹建国.体育商业现代化经营方式[M].北京:北京体育大学出版社,2003.

[22]樊明.健康经济学——健康对劳动市场表现的影响[M].北京:社会科学文献出版社,2002.

[23]杜朝晖.产业组织理论[M].北京:中国人民大学出版社,2010.

[24]吴超林,杨晓生.体育产业经济学[M].北京:高等教育出版社,2004.

[25]芮明杰.产业经济学[M].上海:上海财经大学出版社,2006.

[26]张维迎.博弈论与信息经济学[M].上海:上海三联书店,2004.

[27]卢昌崇,高良谋.当代西方劳动经济学[M].大连:东北财经大学出版社,1997.

[28]李建民,人力资本通论[M].上海:上海三联书店,1999.

[29]张岩,张尚权,曹缔训.体育经济学[M].成都:四川教育出版社,1988.

[30]彭坤.体育产业的发展及其市场化运营研究[M].北京:水利水电出版社,2016.

[31]周学云.我国综合性体育赛事资源开发[M].北京:人民体育出版社,2008.

[32]吴业锦.体育产业发展的理论与实证研究[M].北京:中国纺织出版社,2018.

[33]喻丙梅.现代体育产业的优化管理研究[M].北京:水利水电出版社,2018.

[34]杨越."后奥运时代"中国体育产业发展战略研究[M].北京:经济管理出版社,2011.

[35]俞宏光.中国体育产业结构优化与升级路径研究[M].成都:西南财经大学出版社,2017.

[36]中国体育科学学会体育产业分会.中国体育及相关产业统计[M].北京:人民体育出版社,2011.

[37]韩志勇.消费与反哺:当代体育产业发展新思路[M].北京:经济管理出版社,2018.

[38]阮伟,钟秉枢.体育蓝皮书:中国体育产业发展报告(2016—2017)[M].北京:社会科学文献出版社,2018.

[39]陈岩.我国体育产业结构优化及其市场化运营研究[M].北京:水利水电出版社,2017.

[40]田雨普. 大型体育赛事的经营管理[M]. 北京:人民体育出版社,2007.

[41]李雁. “一带一路”形势下我国体育产业的发展战略研究[M]. 北京:中国纺织出版社,2018.

[42]斐洋. 反垄断法视野下的体育产业[M]. 武汉:武汉大学出版社,2009.

[43]郑芳. 职业体育联盟的经济学分析[D]. 杭州:浙江大学,2010.

[44]孙学文. 粉丝经济视角下体育明星代言对上海市大学生体育消费影响的研究[D]. 上海:上海师范大学,2019.

[45]万佳利. 经济成长阶段论视角下我国政府体育公共投资政策研究[D]. 成都:成都体育学院,2019.

[46]陈琦. “共享经济”背景下云南省体育舞蹈资源共享及其网络平台设计研究[D]. 昆明:云南师范大学,2019.

[47]吴洋洋. 共享经济视域下体育赛事运作模式探究[D]. 成都:成都体育学院,2018.

[48]张羽. 体育产业发展对经济增长影响的动态计量研究[D]. 长春:东北师范大学,2016.

[49]路漫漫. 大型体育赛事对地区经济影响的实证分析[D]. 上海:上海师范大学,2015.

[50]郑尔昌. 我国体育产业社会投资意愿影响因素研究[D]. 厦门:华侨大学,2018.

[51]牛牧浩. 供给侧改革视角下体育产业发展研究[D]. 新乡:河南师范大学,2018.

[52]邱茜. 供给侧结构性改革背景下我国体育产业发展中的政府职能转变研究[D]. 西安:陕西师范大学,2017.

[53]江珊. 我国区域体育产业竞争力的实证分析[D]. 武汉:华中师范大学,2017.

[54]张新秀. “互联网+”体育产业新业态发展模式研究[D]. 长春:吉林大学,2017.

[55]赵艳. 转型升级背景下体育产业资源整合的动力因素研究[D]. 武汉:武汉体育学院,2015.

[56]柴大勇. 中国体育产业结构演进及政策变迁研究[D]. 武汉:武汉体育学院,2016.

[57]郑永芳. 中国体育产业在国民经济中的地位研究[D]. 武汉:武汉体育学院,2014.

［58］马姗姗. 体育产业发展中的政府职能作用研究——以泰安市为例［D］. 济南：山东大学，2017.

［59］高峰. 建设体育强国背景下体育经济的重要地位及其发展策略［J］. 广州体育学院学报，2019，39(2)：13-16.

［60］余晓玲. 体育与经济一体化发展研究［J］. 中国商论，2019(4)：231-232.

［61］蒲毕文，贾宏. 我国职业体育俱乐部发展困境及对策研究［J］. 福建体育科技，2018(3)：8-10.

［62］孙昕. 共享经济视角下区域体育产业发展研究［J］. 中国市场，2019(28)：57-58.

［63］马聪聪，李勇. 体育赛事经济特点及经济效益［J］. 现代营销(信息版)，2019(11)：56.

［64］林志刚，李杉杉. 经济新常态下我国多层次体育产业资本市场政策体系构建与发展路径研究［J］. 北京体育大学学报，2019(4)：99-111.

［65］高英齐，陈蓉，纪梦妍. 论共享经济时代体育产业发展探究［J］. 现代营销(信息版)，2019(10)：55.

［66］喻颖洁，张恒波. 体育产业、绿色创新对经济增长影响的实证［J］. 统计与决策，2019，35(17)：154-157.

［67］来迎双. 网络经济下的中国体育用品市场营销策略分析［J］. 现代营销(经营版)，2019(9)：94-95.

［68］马金宁，孙建飞，刘世磊. 体育场馆建设对城市经济影响的研究［J］. 喀什大学学报，2019，40(3)：75-80.

［69］巩俊贤. 我国城镇居民体育消费经济增长效应评价［J］. 通化师范学院学报，2019，40(4)：134-138.

［70］杨乃彤，王秦英，胡小善，等. 新时代体育产业助推经济强国建设的作用与策略［J］. 农村经济与科技，2018，29(24)：111-112.

［71］李佩聪. 体验经济时代传媒对体育文化产业的影响［J］. 新闻战线，2018(24)：102-103.

［72］余跃. 体育经济发展的基本条件及对策探讨［J］. 环渤海经济瞭望，2018(12)：172.

［73］陈刘. 新时期我国体育经济产业发展对策研究［J］. 现代营销(下旬刊)，2018(12)：106.

［74］武东海，王守力. 共享经济视角下区域体育产业发展研究［J］. 体育文化导刊，2018(11)：85-89.

［75］马科. 社会经济转型下我国体育经济发展战略思考［J］. 智库时

代,2018(45):41-42.

[76]牛峥,何胜,李强,等.学校、社区、经济实体在体育运动领域的合作研究[J].运动,2018(21):70-72.

[77]谢强.体育场馆运营回头经济的形成与实现路径[J].现代营销(经营版),2018(11):45.

[78]刘德军,张兆龙.体育经济市场与管理机制探究[J].新西部,2018(29):63-64.

[79]费腾.浅析我国体育经济的发展[J].环渤海经济瞭望,2018(10):148.

[80]赵静,景波.体育经济视角下我国体育产业低碳发展的路径探析[J].经济研究导刊,2018(28):33-34.

[81]潘子辉,陈颇.经济新常态下中国体育用品制造业转型升级综合能力评价研究[J].沈阳体育学院学报,2018,37(5):47-53.

[82]谢娟.从文化与经济、政治的关系看文化认同语境下西部民族传统体育文化传承与创新的新动力[J].体育世界(学术版),2018(8):66,68.

[83]黄瑞苑,谢舒媛.体育产业发展的经济因素与经济效益分析——以马拉松赛事为例[J].广东交通职业技术学院学报,2017,16(4):39-42.

[84]卢方群.基于经济新常态视角下中国体育产业导向性因素转变与路径选择[J].运动,2017(23):3-4.

[85]孙朋.市场经济环境下高校体育教育"产品"的生产与营销[J].现代营销(下旬刊),2017(10):78.

[86]李海涛.新时期体育产业与经济的关系探讨[J].经济研究导刊,2017(31):45-46.

[87]李洲鹏.体育产业在我国国民经济中的地位和作用[J].经济研究导刊,2017(31):49-50.